『大無量寿経』の仏者 親鸞

―宗祖の三部経観―

延塚　知道

東本願寺出版

凡例

一、漢文は基本的に書き下し文に改め、旧漢字は現行の字体に改めた。また、『真宗聖典』(東本願寺出版)に文章がある場合は、できるだけそちらから引用した。

一、出典が片仮名表記のものは、平仮名に改めた。また、適宜句読点や濁点を補い、現代仮名づかいで表記した。

一、出典については、以下のように略記した。

『真宗聖典』→『聖典』
『定本親鸞聖人全集』→『定親全』
『真宗聖教全書』→『真聖全』
『大正新脩大蔵経』→『大正蔵』
『昭和新修法然上人全集』→『昭法全』
『浄土宗全書』→『浄全』

一、人名についての敬称は略した。

はじめに

浄土門の独立と教学の完成は、中国の道綽《どうしゃく》・善導《ぜんどう》によってほぼ果たされていました。それを継承して、この日本の地で浄土教の独立を現実体としたのは親鸞《しんらん》の師法然《ほうねん》（一一三三〜一二一二）でした。ですから法然は、法としての称名念仏《しょうみょうねんぶつ》一つを旗印にして、『選択本願念仏集《せんじゃくほんがんねんぶつしゅう》』（以下『選択集《せんじゃくしゅう》』）を浄土宗独立の宣言書とします。

ところが、「凡夫《ぼんぶ》は覚《さと》りを悟ることはできないし、仏道を歩む力もない」ということが聖道門《しょうどうもん》の常識ですから、明恵《みょうえ》（一一七三〜一二三二）の『於一向専修宗選択集《おいっこうせんじゅしゅうせんじゃくしゅう》中摧邪輪《ちゅうざいじゃりん》』（以下『摧邪輪《ざいじゃりん》』）に徹底的に非難されることになります。その批判もある意味当然で、本願力《ほんがんりき》に帰依したことがなければ、念仏によって凡夫が救われる理由など、わかるはずがないからです。

そのことは『摧邪輪』の批判が出るまでもなく、法然と親鸞との師資相承《ししそうじょう》の中ですでに確かめられていたことです。『観無量寿経《かんむりょうじゅきょう》』（以下『観経《かんぎょう》』）には本願は説かれていませんが、『大無量寿経《だいむりょうじゅきょう》』（以下『大経《だいきょう》』）には自力《じりき》を生きる凡夫がどのような経緯をたどって他力に救われ、命終わるまでなぜ仏道を歩むことができるのかを教える本願が、四十八願《しじゅうはちがん》として明確に完備されています。その『大経』の「選択本願」の教えこそが、法然の称名念仏が一切衆生《いっさいしゅじょう》を救う絶対の行であることを決定するのです。

ですから称名念仏一つで一切の衆生が救われる理由を、本願によって明確にしなければ、浄土の仏道の道理として不完全であると言わざるを得ません。浄土門の独立に命をささげた法然にはその余裕が残されていなかったために、『大経』の本願による仏道の道理の公開については、弟子の親鸞に託したのだと思われます。

親鸞は『大経』に説かれる真化八願《しんけはちがん》に、凡夫に仏道を貫徹せしめる教えを見出して、『顕浄土真実教行証文類《けんじょうどしんじつきょうぎょうしょうもんるい》』（以下『教行信証《きょうぎょうしんしょう》』）の各巻の標挙《ひょうこ》にします。その全体を因《いん》の本願論で貫き、誓願《せいがん》不思議の道理によって果《か》の大涅槃《だいねはん》の覚りに相応する末世の仏弟子の仏道を明らかにするのです。そして、『大経』の「論」として、『教行信証』を世界人類に捧げます。ここに法然の浄土宗独立を受けて、『大経』による浄土真宗の立教開宗《りっきょうかいしゅう》が、親鸞によって果し遂げられることになるのです。

大乗仏教の「論」の特徴は、龍樹《りゅうじゅ》の「易行品《いぎょうぼん》」弥陀章の偈《げ》や、天親《てんじん》の「願生偈《がんしょうげ》」でもわかるように偈頌《げじゅ》です。覚りをこの身に直接いただけば、論理を超えた歌として表現するしかないのでしょう。親鸞は「正信偈《しょうしんげ》」を中心にして、そこから展開する二つの問答、つまり「信巻《しんのまき》」の「三心一心問答《さんしんいっしんもんどう》」と「化身土巻《けしんどのまき》」の「三経一異《さんぎょういちい》の問答」を中心に『教行信証』を展開します。

「三心一心問答」は、真諦《しんたい》を表す「信巻」に開かれます。衆生に回向《えこう》される信心には、大涅槃の覚りが実現することを、衆生の一心と如来の本願の三心との関係によって証明するのです。ここは、本願が「至心《ししん》」・「信楽《しんぎょう》」・「欲生《よくしょう》」の次第で説かれる理由を尋ねますので、弥陀の大悲の讃嘆《さんだん》です。

一方「三経一異の問答」は、俗諦《ぞくたい》を表す「化身土巻」に開設されます。浄土三部《じょうどさんぶ》経《きょう》によって、この世で自力を生きる凡夫が、『大経』の他力《たりき》にまで導かれていく道筋を明らかにするのです。ですからここは、釈尊《しゃくそん》の大悲を讃嘆しているのです。

他力の信心を得た衆生は、片方の足を真諦に着け、もう一方の足を俗諦に着けて、生涯仏道に立って歩むことになります。ですからこの二つの問答を中心にして、親鸞は「凡夫は覚りを悟ることはできないし、仏道を歩む力もない」という聖道門の批判に総合的に応《こた》えていくのです。

したがって親鸞の三部経観は、三部経を並べて解説的にその優劣を競うというような方法論ではありません。どこまでも、凡夫として本願に救われ、本願力回向の金剛《こんごう》心《しん》によって生涯仏道を歩むという『大経』の仏道に立って明らかにされた、実に主体的な三部経観なのです。

本書では、『観経』に立った法然と、『大経』に立った親鸞との違いから出発して、一切衆生が救われる本願の道理を公開した『教行信証』の立教開宗の意味を尋ねます。そして、群萌《ぐんもう》の仏道が説かれる『大経』にまで導いた、『観経』と『阿弥陀経《あみだきょう》』の意味を宗祖《しゅうそ》に虚心坦懐にお聞きして、その三部経観を明らかにしたいと思います。

第一章　立教開宗

第一節　『観無量寿経』の仏者法然

1　『選択本願念仏集』

法然は、『観経』に説かれる称名念仏一つを立てて、聖道門から浄土門を独立させた仏者でした。その意味で表向きには、『観経』に立った仏者であると言えるでしょう。しかしその仕事は、これまで比叡山《ひえいざん》や高野山《こうやさん》、奈良を中心とする天皇家や公家《くげ》などの貴族のものであった仏教を、市井《しせい》の庶民に開放して、『大経』の説く群萌の救いを現実化したものでした。その宗教改革とも言うべき浄土教独立の宣言書が、『選択集』です。

そもそも法然は長い求道を経て、四十三歳の時に善導の『観経疏《かんぎょうしょ》』の「一心専念《いっしんせんねん》弥陀名号《みだみょうごう》」の文によって浄土教に回心《えしん》したのでした。その子細が次のように述べられています。

かなしきかなかなしきかな、いかがせんいかがせん。ここにわがごときは、すでに戒《かい》・定《じょう》・慧《え》の三学《さんがく》のうつわ物にあらず、この三学のほかにわが心に相応する法門《ほうもん》ありや。わが身にたえたる修行やあると、よろずの智者にもとめ、もろもろの学者にとぶらいしに、おしうる人もなく、しめすともがらもなし。しかるあいだ、なげきなげき経蔵《きょうぞう》にいり、かなしみかなしみ聖教《しょうぎょう》にむかいて、てずから身ずからひらきて見しに、善導和尚《かしょう》の『観経の疏』にいわく、「一心専念弥陀名号《いっしんせんねんみだみょうごう》、行住座臥不問時節久近《ぎょうじゅうざがふもんじせつくごん》、念念不捨者《ねんねんふしゃしゃ》、是名正定之業《ぜみょうしょうじょうしごう》、順彼仏願故《じゅんぴぶつがんこ》」という文を見えてのち、われらがごとくの無智の身は、ひとえにこの文をあおぎ、もっぱらこのことわりをたのみて、念念不捨の称名を修して、決定往生《けつじょうおうじょう》の業因《ごういん》にそなうべし。ただ善導の遺教を信ずるのみにあらず、又《また》あつく弥陀の弘願《ぐがん》に順ぜり。「順彼仏願故」の文ふかくたましいにそみ、心にとどめたるなり。

（「聖光上人伝説の詞」・『昭法全』四六〇頁）

このように、善導の「一心専念弥陀名号」、つまり『観経』に説かれる称名念仏によって「無智の身」のまま救われるのです。したがって法然は、「偏依善導一師《へんねぜんどういっし》」*1と言って、生涯称名念仏に立った仏者でした。しかし、凡夫を救う根源力は『大経』に説かれる如来の本願力です。それは、「ただ善導の遺教を信ずるのみにあらず、又あつく弥陀の弘願に順ぜり。「順彼仏願故」の文ふかくたましいにそみ、心にとどめたるなり」という言葉でよくわかります。『観経』は称名念仏を説きますが、阿弥陀如来の本願は説いていません。凡夫が救われる本願の道理を説くのは、『大経』です。その意味で法然は、『大経』を背景にしながら、『観経』の称名念仏を表に立てたと言えるでしょう。

『選択集』の表題は、

選択本願念仏集　南無阿弥陀仏　往生之業《おうじょうしごう》　念仏為本《ねんぶついほん》　（『真聖全』一・九二九頁）

と記されています。法然の思想は、この表題に凝集的に表されていると思われます。「選択本願念仏」とは、『大経』に説かれる本願の念仏です。一切衆生の救いの根源力は『大経』の四十八願ですから、それによって成り立っている念仏を宗《むね》とすると言うのです。つまり、四十八願の具体的な現実体は、南無阿弥陀仏一つです。その現実体としての称名念仏によって、凡夫のままに浄土往生の仏道に立つのです。それが「選択本願念仏集　南無阿弥陀仏　往生之業　念仏為本」という表題が示す意味です。このように法然が、『大経』の本願を背景にして『観経』の称名念仏を表に立てた理由は、何と言っても浄土教を独立させるという、パイオニアとしての仕事に命を懸けたからだと思われます。

法然は若い頃から実に求道関心にあふれた仏者で、比叡山はもちろんのこと、南都《なんと》や高野山にまで自身が救われる仏教を探し求めたのでした。しかし、「よろずの智者にもとめ、もろもろの学者にとぶらいしに、おしうる人もなく、しめすともがらもなし」と言うように、日本で彼を救う教えはなかったのです。おそらくこれらの求道によって、「すでに戒・定・慧の三学のうつわ物にあらず、この三学のほかにわが心に相応する法門ありや」と言うように、『観経』に説かれる自力無効の教えが身に染み込んでいき、それがバネとなって、善導の『観経疏』の文が身に突き刺さり、浄土教に回心したのです。ですから法然の浄土教は、従来、日本に伝わっていた仏教ではなくて、現代の感覚で言えば外国の思想の直輸入です。

日本の八宗がこぞって反駁《はんばく》するのは、このような事情による肌感覚の違いが根本にあるのだと思われます。解脱房貞慶《げだつぼうじょうけい》（一一五五〜一二一三）が起草した「興福寺奏状《こうふくじそうじょう》」では、「八宗同心の訴訟」*2として、「第一　新宗を立つるの失」から「第九　国土を乱る失」の九箇条を立てて、*3

右件《くだん》の源空《げんくう》、一門に偏執《へんしゅう》し、八宗を都滅《とめつ》す。天魔の所為、仏神痛むべし。

（『日本思想大系』一五・四二頁）


と法然を激しく攻撃します。内容は、その九箇条に解説を加えたもので、新宗を立てたことへの大いなる反発と、自分たちには馴染みのない外国の思想（自力無効）に対する拒否感が強く表れたものだと思われます。

さらには、法然が入滅してすぐの九月に『選択集』が開版されますが、それから三ヵ月もたたない建暦《けんりゃく》二（一二一二）年十一月二十三日に、華厳宗《けごんしゅう》の明恵房高弁《みょうえぼうこうべん》によって『摧邪輪』が書かれ、『選択集』が菩提心《ぼだいしん》論を中心として大きな批判を受けることになります。この書は『華厳経《けごんぎょう》』に基づく自力の仏教に立って、称名念仏によって救われることなどありえないと主張する、堂々とした仏道の思想書です。それだけにこの書が刊行されると、仏教界は自力と他力の思想戦となり、やがて嘉禄《かろく》の法難《ほうなん》を引き起こすまでに発展していきます。

2　『摧邪輪』の批判

ここでは紙面の都合で多くを語ることはできませんが、明恵の『摧邪輪』の批判によってかえって法然の『選択集』の手法がよくわかると思いますので、菩提心論批判のエッセンスだけを述べておきます。*4『選択集』は第一章から第六章までが『大経』、第七章から第十二章までが『観経』、第十三章から最後の第十六章までが『阿弥陀経』に関する記述になっています。明恵の「菩提心を撥去《はっきょ》する過失」*5という批判は、『大経』の記述のところに集中しています。その意味で明恵の菩提心論は、単なる菩提心論ではなくて、法然の『大経』了解《りょうげ》に対する批判であると見ることができます。

『大経』の下巻に「乃至一念《ないしいちねん》」という言葉が三箇所出てきますが、法然はそれを全て称名念仏と読みます[＊6]。

あらゆる衆生、その名号を聞きて、信心歓喜《かんぎ》せんこと、乃至一念せん。心《しん》を至し回向《えこう》したまえり。かの国に生まれんと願ずれば、すなわち往生を得て不退転《ふたいてん》に住す。唯五逆《ただごぎゃく》と誹謗《ひほう》正法《しょうぼう》とを除く。
（第十八願成就文、『聖典』四四頁、傍線筆者）

もし深法《じんぽう》を聞きて歓喜信楽《かんぎしんぎょう》せん。疑惑を生ぜず。乃至一念、かの仏を念じて至《し》誠心《じょうしん》をもってその国に生まれんと願ぜん。この人終わりに臨んで夢のごとくにかの仏を見たてまつりて、また往生を得《う》。功徳智慧《くどくちえ》、次《つ》いで中輩《ちゅうはい》の者のごとくならん。
（三輩章・下輩の文、『聖典』四六頁、傍線筆者）

仏、弥勒《みろく》に語りたまわく、「それ、かの仏の名号を聞くことを得て、歓喜踊躍《かんぎゆやく》して乃至一念することあらん。当《まさ》に知るべし、この人は大利《だいり》を得《う》とす。すなわちこれ無上の功徳を具足するなり。
（弥勒付属の文、『聖典』八六頁、傍線筆者）

下巻は「衆生往生の因果《いんが》」*7、つまり、衆生に実現する仏道を説く箇所ですから、本願成就文《じょうじゅもん》が各段の柱になります。そこに説かれる行の現実体は称名念仏ですから、下巻の「乃至一念」を全て称名念仏と読む法然の手法は、さすがに卓見であると思われます。しかし、それが明恵から徹底した批判を受けることになるのです。

明恵の批判は、次のようです。「最初の第十八願成就文では、「乃至一念」という語の前に、「信心歓喜」という語が置かれているではないか。この信心歓喜がなければ、たとえ称名念仏したとしても、それは空念仏《からねんぶつ》に終わる。であれば、乃至一念の称名念仏よりも、その前に説かれている信心歓喜のほうが重いのである。信心はすぐに菩提心と言うわけにはいかないが、信心がやがて菩提心にまで育てられて覚りを得るのだから、法然の「菩提心撥無《はつむ》」等とは仏教の怨敵と言える主張である」*8。

このように明恵は、浄土教で最も大切にされる第十八願の成就文の了解に切り込んで、持論を展開するのです。その批判点は、第十八願は因願《いんがん》も成就文も、念仏に中心があるのではなく、信心に眼目《がんもく》があるということです。興味深いことに、法然は第十八願を「念仏往生の願」*9と読むのですが、明恵は「信心歓喜」に主眼があるのだから、「念仏往生の願」ではなくて「至心信楽《ししんしんぎょう》の文」であると指摘しているのです*10。従来、「至心信楽の願」の願名は宗祖の独創であると言われてきましたが、『摧邪輪』で明恵のほうが先に指摘しています。『教行信証』「信巻」の標挙[*11]は、もしかすると明恵の指摘する願名を掲げて、彼が主張する自力の信心ではなくて、本願力回向の信心であることを証明することに主眼があるのかもしれません。いずれにしてもこの願名には、注意をする必要があると思います。

第二番目の下輩《げはい》の文と第三番目の弥勒付属《みろくふぞく》の文には、第十八願成就文と同じように、「乃至一念」の前に「信心歓喜」に関わる語が置かれています。この点についても、明恵は先の論理と同じ手法で、法然を批判します。

宗祖はこのような議論を踏まえて、『大経』の「乃至一念」の文章を『教行信証』に引用して、明恵の批判に応えようとしています。第十八・至心信楽の願成就文の「乃至一念」は、本願力回向の信心ですから「信巻」の「信の一念釈[*12]」に配置します。一方、弥勒付属の文で釈尊が弥勒に付属するのは称名念仏の行ですから、それは「行巻《ぎょうのまき》」の「行の一念釈[*13]」に配置します。明恵のように観念や理論として考えた仏教は、行と信が必ず分かれます。しかし本願力回向の行信《ぎょうしん》は、行信不離であり、そのことを明らかにするのが「行巻」と「信巻」の課題になっています。要するに、

「行の一念釈」と「信の一念釈」に明恵が問題にした二つの文章を配置して、『大経』に説かれる行信は、明恵の主張する自力ではなくて、本願力回向の行信であることを証明しているのです。

もう一つの下輩章の文について、宗祖は第十九・修諸功徳《しゅしょくどく》の願成就文と読みますが、それは「化身土巻」に配置します。[*14]そして、三輩章《さんぱいしょう》の上輩《じょうはい》・中輩《ちゅうはい》・下輩のそれぞれに説かれる発菩提心《ほつぼだいしん》は、明恵が言う通り自力の菩提心であることを明らかにします。さらに、「信巻」と対応しながら、本願力回向の信心である「横《おう》の大菩提心」[*15]でなければ、一切衆生の救いが実現しないことを証明しているのです。

このように『教行信証』は、明恵や『摧邪輪』の固有名詞は出していませんが、聖道門と浄土門との議論を踏まえて、その核心に応えているのです。なぜなら、いつの時代でも明恵のような考え方が人間の常識ですから、固有名詞で固定することをあえて避けたのではないでしょうか。『教行信証』は、人間の常識ではなく、『大経』の本願力回向の行信が群萌を救うことを明らかにしているのです。

先に確かめた『大経』下巻の「乃至一念」を全て称名念仏と読む法然の手法は、何も『選択集』に限ったことではありません。例えば、『三部経大意』[*16]・『無量寿経釈』[*17]・

『法然聖人御説法事《ほうねんしょうにんごせっぽうのこと》』*18・『逆修説法《ぎゃくしゅせっぽう》』*19等の『大経』の了解に関する箇所は一貫してこのようになっています。要するに法然は、『観経』の称名念仏に立って『大経』を了解しているのです。

3　廃　立

その大きな理由は、聖道門から浄土教を独立させるには、大乗《だいじょう》仏教特有の教・行・証の対比（廃立《はいりゅう》）で明らかにする以外に方法がないからだと思われます。大乗仏教では、生きてはたらく仏教を教・行・証で表します。どんな人でも、必ず何か信じるものを生きようとします。それが心情的な愛であったり、良心であったり、誠実さである場合もあるし、具体的な家族であったり、友人であったり、また財産や地位や名誉の場合もあるでしょう。いずれにしても何事か（教）を信じ、それを人生の様々な場面で実践（行）し、必ずその結果（証）を引き受けなければなりません。この教・行・証は、人が生きる時の型ですから、大乗仏教は、それで生きた仏教を表すのです。

『選択集』は、まず他の大乗経典、例えば『般若経《はんにゃきょう》』や『法華経《ほけきょう》』や『華厳経』とは違って、『大経』を始めとする『観経』・『阿弥陀経』の浄土の三部経を真実教とすることとから始まります。要するに、他の大乗経典を廃し、浄土三部経が真実教であると立てるのです。そしてその行は、聖道門の六波羅蜜《ろくはらみつ》のように止観行《しかんぎょう》を中心として覚りを悟る諸行《しょぎょう》を廃して、阿弥陀如来の本願に選りすぐられた称名念仏一つを立てます。さらに仏に成っていく証は、自力の菩薩道を廃して、選択本願の行による念仏往生の道を立てます。「順彼仏願故」という本願の信心を背景に持ちながら、教・行・証のそれぞれについて、聖道門を廃し浄土門を立てる「廃立」という方法を採るのです。『選択集』では、

諸行は廃の為にしかも説く、念仏は立の為にしかも説く。

（『真聖全』一・九五〇頁、傍点筆者）

と言いますから、法然は浄土教独立のために、称名念仏一つを立てなければならなかったのだと思われます。

もう一つは、浄土門内の事情によるのではないかと思われます。法然門下の三百八十余名の弟子たちは、そのほとんどが聖道門出身の僧です。事実、法然を三昧発得《さんまいほっとく》の人として尊敬した弟子もたくさんいました。それらをまとめなければ、浄土教独立は望めません。宗祖のように、『大経』の信心を問うた「信心同一の問答」にせよ、「信行両座の決判」にせよ、本願力回向の信心に賛同した者はほんの数名でした。そのような事情を熟知した法然は、南無阿弥陀仏の法一つを立てて浄土教を独立させようとした、実に実際的な仏者でした。

＊1　『選択集』・『真聖全』一・九九〇頁。

＊2　『日本思想大系』一五・四一頁。

＊3　同前三二頁。九箇条とは、「第一　新宗を立つる失」・「第二　新像を図する失」・「第三　釈尊を軽んずる失」・「第四　万善を妨ぐる失」・「第五　霊神に背く失」・「第六　浄土に暗き失」・「第七　念仏を誤る失」・「第八　釈衆を損ずる失」・「第九　国土を乱る失」。

＊4　詳細は、拙著『教行信証―その構造と核心―』一二四〜一八一頁参照。

＊5　『摧邪輪』・『日本思想大系』一五・四六頁。

＊6　『選択集』・『真聖全』一・九五二頁。
＊7　『述文讃』・『聖典』一八二頁。
＊8　『摧邪輪』・『日本思想大系』一五・六九頁。
＊9　『選択集』・『真聖全』一・九四六頁。
＊10　『摧邪輪』・『日本思想大系』一五・六九頁。
＊11　『聖典』二一〇頁。
＊12　『聖典』二三九頁。
＊13　『聖典』一九一頁。
＊14　『聖典』三三七頁。
＊15　『聖典』二三七頁。
＊16　『昭法全』二九～三〇頁。
＊17　『昭法全』八七～九二頁。
＊18　『昭法全』二〇三～二〇四頁、二一八～二一九頁。
＊19　『昭法全』二六六～二六七頁。

第二節　『大無量寿経』の仏者親鸞

1　師資相承

『観経』に立った法然に対して、親鸞は比叡山にいた頃から『大経』に精通した仏者だったと推測されます。宗祖は横川《よかわ》の浄土教の学場にいましたので、早くから『大経』に慣れ親しんでいたと思われます。寛喜《かんぎ》三（一二三一）年に宗祖が発熱して寝込んだ時、夢に『大経』が一字残らず出てきたと恵信尼《えしんに》に告げていますが、[*20]それは若い頃からの『大経』の修学が身に染みていたからでしょう。

法然に出遇《であ》った回心の体験を、宗祖は、

しかるに愚禿釈《ぐとくしゃく》の鸞《らん》、建仁辛《けんにんかのと》の酉《とり》の暦《れき》、雑行《ぞうぎょう》を棄《す》てて本願に帰《き》す。

と記します。この「本願に帰す」とは、『大経』の本願成就文に立ったことの表明です。ところが法然は、

（『教行信証』後序・『聖典』三九九頁）

ここに貧道、昔この典を披閲《ひえつ》してほぼ素意《そい》を識《し》り、立ちどころに余行《よぎょう》を舎《す》てて
ここに念仏に帰しぬ。

（『選択集』・『真聖全』一・九九三頁）

と、善導によって「念仏に帰」すと表明します。法然門下のほとんどが、法然にならって回心を「念仏に帰」すと記していることから、宗祖は法然門下に入門した時から、『大経』の仏者であったことがよくわかります。この辺に、他の法然門下の弟子たちと一線を画す、宗祖の独自性があるのです。法然は、道綽・善導によってもっぱら『観経』の講義をしますが、それを聞いた宗祖のノートと推測されている『観経・阿弥陀経集註《じっちゅう》』では、天親・曇鸞《どんらん》の五念門《ごねんもん》、つまり『大経』によって、法然の仏道を位置づけようとしています。*21

また『教行信証』後序《ごじょ》には、先の回心の記事に続いて、師資相承の子細が記されています。＊22そこには、法然に『選択集』の書写の許しをいただいて、元久《げんきゅう》二（一二〇五）年四月十四日に書写が終わったこと、その日に法然の御真影《ごしんねい》の図画《ずえ》の許しを得たこと、そして閏《うるう》七月二十九日にそれが完成し、法然が真筆《しんぴつ》で南無阿弥陀仏と本願加《か》減《げん》の文《もん》を書き、綽空《しゃくくう》の字を改めたことが記されています。これによって、親鸞が法然から浄土教を師資相承し、完了したことを示しているのです。

この師資相承とは、単に『選択集』を書写し、法然の御真影を図画するという表面的な意味ではありません。法然自身が師資相承について、

師資《しし》においては必ず相承《そうじょう》あり。口に如流《にょる》の弁に応じ、意に繋蒙《けもう》の知を生ず、義は精を貫き、理は神に徹す。（『阿弥陀経釈』・『昭法全』一四五頁）

と言っていますから、浄土教の本願の伝統に立って、蒙昧《もうまい》の分別《ふんべつ》を破る智慧によりながら、本願の義理が精神に貫徹するまで、師弟の間で徹底的に議論が続けられたと考えられます。四月十四日から閏七月二十九日まで約一三〇日の間、『観経』の称名念

仏一つに立った法然と、『大経』の信心に立った親鸞との、熾烈な議論が続けられたであろうことが想像できます。

この時、一体何が議論の中心になったのでしょうか。覚如《かくにょ》は『御伝鈔《ごでんしょう》』に、この『教行信証』後序と同じ記事を収録していますが、その後に何の説明もなく「信行両座の決判」と「信心同一の問答」とを記しています。[*23] 私は長い間、入門して間もない親鸞が書写を許されたのですから、門弟たちの間でも特に優れていたことを示す逸話なのかと思っていました。ところが、これについて曽我量深《そがりょうじん》先生が、『親鸞聖人御伝鈔講話』に次のような示唆《しさ》的な文章を載せているのです。

親鸞聖人は御歳三十三の春、法然聖人より『選択本願念仏集』の御相伝を受けさせられた。而して此《この》信行両座の事件は、同年の秋と伝えられ、又次段の信心一異の諍論《じょうろん》は、三十四歳の御時と伝えられておる。則《すなわ》ちこの二大事件は、聖人が『選択集』に対する御創見を示すものである。『選択集』御相伝の事実が、親鸞聖人の心霊に如何なる影響を与えたかを示す。則ちこの二大事件は、聖人の『選択集』相伝感想の表白《ひょうびゃく》である。而してこの二大事件によりて発表せる「信心為《しんじんい》本《ほん》」「他力回向の真信《しんしん》」の聖人の信念が、偶々《たまたま》三十五歳の北越御流罪《ごるざい》の外縁によりて、浄土真宗御建立となったのである。

（『曽我量深選集』一二・三四五頁）

曽我先生はここで、「信行両座の決判」と「信心一異の諍論」は、『選択集』書写にまつわる出来事であると言っています。さらに、「信心為本」と「他力回向の真信」は、『選択集』相伝の親鸞の二大感想であるとも示唆しています。

『親鸞聖人正統伝《しょうとうでん》』によれば、「信行両座の決判」は親鸞が三十三歳の九月二十・二十一の両日の出来事であり、「信心一異の諍論」は、次の年の八月十六日と伝えられています。*24 師資相承が終わった閏七月二十九日から数えれば、「信行両座の決判」はちょうど二ヵ月後に当たりますし、「信心一異の諍論」は一年後に当たります。さらに『御伝鈔』では、『選択集』書写の直後に何の説明もなく記述されていることから、これらは曽我先生の指摘通り『選択集』書写にまつわる出来事であると考えられます。しかも、法然と親鸞の間で問題にされていた課題は、「信心為本」と「他力回向の真信」の二つであり、さらにこの二つが根拠となって、「偶々三十五歳の北越御流罪の外縁によりて、浄土真宗御建立となった」と、立教開宗を指摘しているのです。私は、この示唆に大きな励ましをいただきました。なぜならここに、『観経』を表に立てた法然と、『大経』に立った親鸞との違いが明確になっているからです。

先に述べたように、法然は浄土教独立に命を懸けた仏者でした。そのために、南無阿弥陀仏の法を前面に立てる必要がありました。しかし、法然の称名念仏一つという主張は、「順彼仏願故」の『大経』の信心に裏打ちされたものでした。もし他力の信心がなければ、なぜ称名念仏が一切衆生を救う絶対の行なのか、なぜ自力の菩提心を否定するのか、意味不明です。ですから明恵が、果たして次のように言います。

しかるに菩提心を以《もっ》て有上小利《うじょうしょうり》とし、称名を以て無上大利《むじょうだいり》とするは、天を以て地とし、地を以て天とするなり。何ぞそれ顛倒《てんどう》せるや。（中略）しかるに菩提心を以て小利とするは、譬《たと》えば、餓鬼《がき》の恒河《ごうが》に臨んで枯渇《こかつ》を憂うるがごとし。悲しむべし、悲しむべし。

（『摧邪輪』・『日本思想大系』一五・一〇四～一〇五頁、中略筆者）

自力の菩提心（常識）に立つ明恵にとっては、菩提心よりも称名念仏を大切にする法然が、全くわからなかったのです。ですから「不可説、不可説」という言葉が繰り返され、挙句の果てに法然を「仏法において大賊と為す」[*25]と言い、「三世仏家の大怨敵」[*26]と口汚く罵《ののし》ることになります。要するに法然の主張は、勝手な独断か神秘主義のどちらかだというのです。本願力回向の信心がなければ、明恵が言うことは、当然の疑問ではないでしょうか。そして、このような常識は、簡単な称名念仏よりも難しい止観行のほうが大切な行であると、相対的な考え方の中に転落して、結局、多数決のほうが勝つ議論になっていきます。親鸞は、やがてこのような疑問が出て、大多数の勢力に巻き込まれて真偽がないがしろになっていきかねないことを、この時にすでに見越していたのです。

その状況に何としても応えるためには、称名念仏を絶対の行だと言い切れる信念、つまり本願力回向の信心が感得している、『大経』の本願の道理を公開することしか道は残されていません。法然門下での「信行両座の決判」と「信心一異の諍論」は、そのことを明確にしようとした出来事であると思われます。

「信行両座の決判」は、師資相承から二ヵ月後の九月二十日に、善信が「師の教えを仰ぐ同室の友の中に、報土得生《ほうどとくしょう》の真実信心を得ている者が、どれほどいるでしょうか。お弟子たちが集まる時に、それぞれの信心の御意趣《ごいしゅ》を窺いたいと思うのですが」と進言します。師の法然は、「それは、もっともなことです。明日、皆が集まった時に、言い出して御覧なさい」と答えるのです。普通ならば法然が、「善信《ぜんしん》、どうしてそんなことを言い出すのですか」と問い返して、善信がやろうとしていることの意趣を確かめるはずです。ところが法然は「もっともなことです」と答えていますから、この「信心為本」、つまり他力の信心に大涅槃の覚りが開かれて不退転に立つということについては、すでに師資相承の時に十分な議論を尽くし、納得済みであることが窺えます。

翌日、善信は「今日は、信不退《しんふたい》と行《ぎょう》不退の座を両方に設けます。どちらに着くか皆さんお示しください」と、三百八十余名の弟子たちに、どちらかに座ることを迫るのです。ここで言われる不退転とは、大涅槃の覚りに立って仏に成ることが決定し、二度と迷いに退転しないことです。ですから、善信の言葉は、念仏の行によって大涅槃への目覚めを得るのか、それとも信心によって大涅槃の目覚めを得るのかを問うていることになります。大涅槃の証得、これが大乗仏教の最終目標ですから、この議論は仏道の核心が、行にあるのか信にあるのかを問うていることになるのです。

聖道門なら六波羅蜜の止観行によるのでしょう。しかし『大経』は、聞名《もんみょう》による本願成就の信心によって、大涅槃の目覚めを得るのです。ですから『大経』に立った祖師たち、例えば龍樹は「信方便《しんほうべん》の易行《いぎょう》」＊27を明らかにし、天親は「世尊《せそん》我《が》一心《いっしん》」＊28、曇鸞は「信仏の因縁」＊29という他力の信心を明確にします。

宗祖は『教行信証』「信巻」に「三心一心問答」を設けて、この時以来の課題に応えます。「三心一心問答」の書き出しを見てみましょう。

> 問う。如来の本願、すでに至心・信楽・欲生の誓いを発《おこ》したまえり。何をもってのゆえに論主《ろんじゅ》「一心」と言うや。答う。愚鈍《ぐどん》の衆生、解了易《げりょうやす》からしめんがために、弥陀如来、三心《さんしん》を発したまうといえども、涅槃《ねはん》の真因《しんいん》はただ信心をもってす。
>
> （『聖典』二二三頁）

ここに「涅槃の真因はただ信心をもってす」とあるように、本願成就の信心に大涅槃への目覚めを得ることを証明するのが「三心一心問答」です。

さて、「信行両座の決判」に戻りましょう。この時、信の座に着いたのは、聖覚《せいかく》と信空《しんくう》と法力《ほうりき》、さらに法然のたった四名です。法然の門弟は三百八十余名いたとしても、本願成就の信心に立っていた仏者がいかに少なかったかがわかるでしょう。宗祖も加えると五名ですが、考えようによっては、『大経』の本願の道理に目覚めた仏者が五名もいたわけですから、さすがに法然の僧伽《さんが》であると思います。

徹底した自力無効の目覚めに立って、自我よりも深い、いのちの深奥からのはたらきかけを『大経』の本願の教説に聞き取ることは、並大抵のことではありません。「浄土を求めるものは千万あったとしても、本当に得る者は一二もなし」[*30]と言われるくらいですから、五人もいたことは驚嘆に値します。

『大経』では、本願の道理が法蔵菩薩《ほうぞうぼさつ》のご苦労として説かれています。一切衆生に大涅槃の覚りを手渡すために、法蔵菩薩が五劫《ごこう》もの間思惟《しゆい》して、言葉を超えた覚りを仏のほうから四十八の本願の言葉にまでして説いてくださった。その本願を、兆載《ちょうさい》永劫《ようごう》の修行によって完成させて浄土を建立し、一切衆生を招き入れるために南無阿弥陀仏の名号にまでなってくださったのです。その法蔵説話を「親鸞一人《いちにん》がため」[*31]と受け取り、「そくばくの業をもちける身」[*32]の根源からの本願の呼びかけを聞き取って、自力の全てを棄てて本願に帰したのです。人間が絶対に翻《ひるがえ》すことのない自力を、阿弥陀如来の兆載永劫の修行によって仏のほうから穿《うが》ち破り、他力の信心として南無阿弥陀仏が名乗り出るのです。そこに、煩悩具足《ぼんのうぐそく》の凡夫であるという機《き》の分際と、如来の一如の大涅槃に凡夫のままで包まれていたという、超世《ちょうせ》の感動を得るのです。

このように、阿弥陀如来のほうから大涅槃の覚りが開かれてくる本願の道理を、『大経』では「本願力回向」という言葉で表します。その本願力回向の道理を明らかにした出来事が、もう一つの「信心一異の諍論」です。

「信心一異の諍論」は、『歎異抄《たんにしょう》』の後序にも記されていて、*33 よく知られた出来事です。『御伝鈔』には、法然門下のある日、師の前に聖信房《しょうしんぼう》・勢観房《せいかんぼう》・念仏房以下、たくさんの門下の人々がいる中で、善信が「師の御信心と、私の信心とは変わらない、ただ一つである」と言って、大いに反発を買い、議論になったことが伝えられています。*34『歎異抄』にもほぼ同じことが伝えられていますが、そこでは、この出来事を記した後に、

当時の一向専修《いっこうせんじゅ》のひとびとのなかにも、親鸞の御信心にひとつならぬ御《おん》こともそうろうらんとおぼえそうろう。

（『聖典』六三九頁）

と、その視点が信心の異なりを歎異《たんに》することにあるために、これを我われは「信心同一の問答」として読み親しんできました。しかし、『御伝鈔』では、

往生の信心にいたりては、一たび他力信心のことわりをうけ給《たま》わりしよりこのかた、まったくわたくしなし。しかれば、聖人の御信心も、他力よりたまわらせたまう、善信が信心も他力なり。かるがゆえにひとしくしてかわるところなし、と申すなり

（『聖典』七二九頁）

と答えていますから、「師と同一の信心であるのは、自力無効をくぐった、他力よりたまわった信心だからだ」と、本願力回向の信心を明確にすることに眼目があると思われます。

注意すべきは、『歎異抄』では「如来よりたまわりたる信心」*35という重要な言葉を、師の源空が言ったことになっていますが、『御伝鈔』ではそうではなく、「他力よりたまわらせたまう」と善信のほうが先に言っていることです。

『観経』の仏者は、本願力を「増上縁《ぞうじょうえん》」という言葉で表すのが一般的で、「本願力

回向」という言葉はほとんど使いません。法然の講義でも、『三部経大意』の中に一箇所だけ「兆載永劫の修行を衆生に回向し給う」[*36]と言っていますが、この箇所は後で付け加えられた可能性があると指摘されていますので、『御伝鈔』が伝えているように『大経』に立った親鸞のほうが、先に「他力よりたまわらせたまう」と言ったのではないかと思います。なぜなら、本願力回向という思想は『観経』にはありませんし、この言葉が親鸞の生涯の課題となって、『教行信証』全体を貫く親鸞独自の二種回向論に展開することになるからです。

さて、これまで尋ねてきたように、法然と親鸞との師資相承の時に問題となったことは、大涅槃の覚りに目覚めるのが称名念仏によるのか、それとも他力の信心によるのかということでした。それは他力の信心によるという「信心為本」、これを法然は全面的に認めたのです。

なぜなら法然はさすがで、信心の内から大涅槃の覚りを開く内因としての『大経』の信心を『選択集』においてすでに指摘しているのです。称名念仏一つで往生が決定するという善導自身の立脚地は、言うまでもなく『観経』三心釈《さんじんしゃく》の二種深信《にしゅじんしん》にあります。ですから、法然は『選択集』の三心章で、しかしながら善導の二種深信を読み

替えて、

一つには決定《けつじょう》して深く、「自身は現にこれ罪悪生死《ざいあくしょうじ》の凡夫《ぼんぶ》、曠劫《こうごう》より已来《このかた》、常に没《もっ》し常に流転《るてん》して、出離《しゅつり》の縁あることなし」と信ず。

（『聖典』二一五頁）

という機の深信を、

生死《しょうじ》の家には疑をもって所止となし、

（『真聖全』一・九六七頁）

に当て、

二つには決定して深く、「かの阿弥陀仏の四十八願は衆生を摂受《しょうじゅ》して、疑いなく慮《おもんぱか》りなくかの願力に乗じて、定《さだ》んで往生を得《う》」と信ず。

（『聖典』二一五〜二一六頁）

という法の深信を、

涅槃の城には信をもって能入《のうにゅう》となす。

（『真聖全』一・九六七頁）

に当てているのです。

法然は、我われが生死を離れることができないのは、阿弥陀如来の本願を疑うという衆生の仏智疑惑《ぶっちぎわく》の本性によるからであり、この凡夫の目覚めを内に包んで丸ごと救う他力の信心は、大涅槃に能入している『大経』の信心であると明確に掲げているのです。自力を生きる衆生がなぜ他力に目覚めるのかは、『教行信証』「化身土巻」の「三経一異の問答」と「三願転入《さんがんてんにゅう》」の課題、他力の信心になぜ大涅槃が開かれるのかは「信巻」の「三心一心問答」の課題へと展開していきます（「三経一異の問答」と「三願転入」については、第六章で述べます）。

『教行信証』「行巻」には、『選択集』の要約として総結三選《そうけつさんせん》の文が引用されますが[37]、「正信偈」[38]や『高僧和讃』[39]、『尊号真像銘文《そんごうしんぞうめいもん》』[40]等では、必ず「涅槃の城には信をもって能入となす」という文が引用されますから、これが師資相承の議論の中心になった文章であり、法然の信心の核心を表す文であると、宗祖は了解したのだと思われます。

親鸞は『教行信証』「化身土巻」で、自力に生きる衆生を他力に目覚めさせる経典として浄土三部経を位置づけ、「三経一異の問答」を設けます。その問答を主体的に捉え直して、第十九願・第二十願の懺悔《さんげ》を契機として「三願転入」という信心の過程を表明しています。これが「信心為本」への、親鸞の一つの応答です。もう一つの応答は、すでに述べたように「三心一心問答」です。これは、大涅槃の証得が聖道門の修行によるのではなくて、他力の一心によって目覚めを得る、そこにこそ群萠の救い、つまり大乗の仏道が完成するのです。

ところが『大経』の説く他力の行信、つまり「念仏もうさんとおもいたつこころ」[*41]にどうして涅槃の覚りが開かれるのか、常識では不可解です。宗祖はその道理を「三心一心問答」の「欲生釈」で明らかにします。そこでは、

欲生はすなわちこれ回向心なり。（『聖典』二三三頁）

と言って、他力の行信が如来の本願力回向であることを明らかにするのです。それは

誓願の不思議としか言いようがないのですが、因の衆生の信心に果の大涅槃の覚りが開かれる、その道理を「本願力回向」として公開していくのです。

この「二種回向」と「三心一心問答」と「三経一異の問答」、これが『教行信証』の三本柱ですから、親鸞は、浄土教独立に命を捨てた師の法然が残した課題を、大乗仏教の道理の開顕として、継承していることがよくわかると思います。

2　立教開宗

このように見てきてわかるように、『選択集』は浄土教独立の宣言書であるために、教・行・証について聖道門との違いを明確にして、浄土教を立てる必要がありました。そのために法然は、『観経』に立って称名念仏一つを旗印にしました。ところが、それが聖道門の大いなる反発を買うことになりました。その批判を一言で言えば、「念仏によって一切衆生が救われるなんてありえない」という、いわば世間の常識と言ってもいいものです。

宗祖はこの大乗仏教の根本に関わる課題を、『大経』の本願成就の信心に立って、本願に湛《たた》えられている真実の道理を明らかにしなければなりませんでした。それは、因位《いんに》の法蔵菩薩が、一切衆生に大涅槃の覚りを手渡すために、五劫の思惟と兆載永劫の修行によって、果位《かい》の南無阿弥陀仏にまでなってくださった『大経』の教説による以外にはありません。ですから、一切衆生が凡夫に帰って、そこに本願が成就すれば、因の衆生の信心に果の阿弥陀如来の覚りが必然的に恵まれる、その本願の因果の道理（本願力回向）を公開したものが『教行信証』なのです。

法然と親鸞の師資相承の時に、お二人はこの大乗仏教の根本課題を見据えて、『観経』に立った法然と、『大経』に立った親鸞の立場の違いによって、大激論を交わしたと思われます。そして法然は、「私は浄土教独立の仕事に命を尽くします。私が残した大乗仏教の根源的な道理の開顕については、善信あなたに任せますから、『大経』と『浄土論《じょうどろん》』・『浄土論註《じょうどろんちゅう》』の本願力回向の道理によって、その仕事を果たし遂げてください。つきましては、今日から綽空の名を親鸞に改めてはいかがでしょうか」と、名乗りと共に残されている課題を親鸞に託したのだと思われます。

そうでなければ、『選択集』という師の優れた論書《ろんじょ》があるのですから、改めて『教行信証』を書く必要はありません。曽我先生が指摘しているように、「信心為本」と

「他力回向の真信」の師資相承の時の課題が、「浄土真宗」の建立になったのだと思います。その意味で『教行信証』は、親鸞が『大経』に立って大乗仏教の根本問題に応え切った、立教開宗の大いなる書なのです。

＊20　『恵信尼消息』五・『聖典』六一九頁。
＊21　詳細は、拙著『教行信証―その構造と核心―』一一三～一二三頁参照。
＊22　『聖典』三九九～四〇〇頁。
＊23　『聖典』七二七～七三〇頁。
＊24　『真宗史料集成』七・三三五～三三六頁。
＊25　『摧邪輪』・『日本思想大系』一五・三八三頁。
＊26　同前三七五頁。
＊27　『十住毘婆沙論』「易行品」・『聖典』一六五頁。
＊28　『浄土論』・『聖典』一三五頁。
＊29　『浄土論註』・『聖典』一六八頁。
＊30　『往生要集』・『真聖全』一・八九七頁取意。

＊31　『歎異抄』後序・『聖典』六四〇頁。
＊32　同前。
＊33　『聖典』六三九頁。
＊34　『聖典』七二九～七三〇頁。
＊35　『聖典』六三九頁。
＊36　『昭法全』二八頁。
＊37　『聖典』一八九頁。
＊38　『聖典』二〇七頁。
＊39　『聖典』四九九頁。
＊40　『聖典』五二七頁。
＊41　『歎異抄』第一条・『聖典』六二六頁。

第二章　釈尊と阿難との出遇い

第一節　出世本懐

では、宗祖は『大経』をどのように読むのでしょうか。それは、『教行信証』を見れば一目瞭然です。「教巻《きょうのまき》」は、『大経』発起序《ほっきじょ》の釈尊と阿難《あなん》との出遇いで尽くされています。法然は下巻の「乃至一念」に注目して、それを全て称名念仏と読む体系的な読み方でしたが、宗祖は法然との出遇いを背景にしながら、実に実践的な読み方をしています。

少し長いのですがその部分を引用して、考えてみましょう。

何をもってか、出世の大事なりと知ることを得るとならば、『大無量寿経』に言《のたま》わく、今日世尊《こんにちせそん》、諸根悦予《しょこんえつよ》し姿色清浄《ししきしょうじょう》にして、光顔魏魏《こうげんぎぎ》とましますこと、明らかなる鏡、浄《きよ》き影表裏《かげひょうり》に暢《とお》るがごとし。威容顕曜《いようけんよう》にして、超絶したまえること無量なり。未だかつて瞻観《せんと》せず、殊妙《しゅみょう》なること今《きょう》のごとくましますをば。やや、しかなり、大聖《だいしょう》、我が心に念言《ねんごん》すらく、「今日、世尊、奇特《きどく》の法に住したまえり。今日、世雄《せおう》、仏の所住に住したまえり。今日、世眼《せげん》、導師の行に住したまえり。今日、世英《せよう》、最勝の道《どう》に住したまえり。今日、天尊《てんそん》、如来の徳を行じたまえり。去来現《こらいげん》の仏、仏と仏とあい念じたまえり。今の仏も諸仏《しょぶつ》を念じたまうこと、なきことを得んや。何がゆえぞ威神《いじん》の光、光いまし爾《しか》る」と。ここに世尊、阿難に告げて曰《のたま》わく、「諸天の汝《なんじ》を教えて来《きた》して仏に問わしむるか、自ら慧見《えけん》をもって威顔《いげん》を問えるか」と。阿難、仏に白《もう》さく、「諸天の来《きた》りて我を教うる者、あることなけん。自ら所見をもって、この義を問いたてまつるならくのみ」と。仏の言《のたま》わく、「善いかな阿難、問えるところ甚《はなは》だ快し。深き智慧、真妙《しんみょう》の弁才《べんざい》を発《おこ》して、衆生を愍念《みんねん》せんとして、この慧義《えぎ》を問えり。如来、無蓋《むがい》の大悲をもって三界を矜哀《こうあい》したまう。世に出興《しゅっこう》する所以《ゆえ》は、道教を光闡《こうせん》して、群萌《ぐんもう》を拯《すく》い、恵むに真実の利をもってせんと欲《おぼ》してなり。無量億劫《こう》に値《もうあ》いがたく、見たてまつりがたきこと、霊瑞華《れいずいけ》の時あって時にいまし出《い》ずるがごとし。今問えるところは饒益《にょうやく》するところ多し。一切の諸天・人民《にんみん》を開化《かいけ》す。阿難、当《まさ》に知るべし、如来の正覚はその智量《はか》りがたくして、導御《どうご》したまうところ多し。

慧見無碍《むげ》にして、よく遏絶《あつぜつ》することなし」と。

（『聖典』一五二～一五三頁）

まず、「何をもってか、出世の大事なりと知ることを得るとならば」という徴起《ちょうき》の文から始まります。「徴起」とは、「召し出し起こす」という意味ですから、「出世の大事」を知るために『大経』の発起序の文を召し起こしてみましょう、という意味です。『教行信証』の中で経典を引用する際に、徴起の文があるのはここだけです。それだけに大事な文章ですが、この「出世の大事」という言葉は、

諸仏世尊は、ただ一大事因縁をもってのゆえにのみ、世に出現したまえばなり。

（『大正蔵』九・七頁上段）

という、『法華経』「方便品《ほうべんぼん》」の言葉から取られたものであると思われます。大乗仏教では『法華経』が出世本懐《しゅっせほんがい》経《きょう》であると言われてきましたが、そうではなくて、一切衆生を救う大乗の出世本懐経は『大経』の他にはないという、強い主張が込められているのです。この徴起の文は、そのことがわかるように『大経』の発起序を引文《いんもん》して

みましょう、という意味です。

さて、阿難の感動が次のように述べられます。

『大無量寿経』に言わく、今日世尊、諸根悦予し姿色清浄にして、光顔魏魏とましますこと、明らかなる鏡、浄き影表裏に暢るがごとし。威容顕曜にして、超絶したまえること無量なり。

（『聖典』一五二頁）

この最初の文章は、阿難が釈尊の姿を通して「光顔魏魏とまします」と光明無量を誉め、「威容顕曜にして、超絶したまえること無量なり」と寿命無量を誉めています。このように阿難は、釈尊の説法を光明無量といただき、初めて阿弥陀如来の一如の覚り（寿命無量）の中に解放されて、その驚きと感動を述べたのです。

この言葉でわかるように、阿難が釈尊の説法を理解したと言っているわけではありません。本当の救いは、『大経』の教えに光として出遇うことです。もちろんピカッと光る光ではありません。釈尊の本願の教えが、阿難にとっては光という意味を持って身に突き刺さったのです。太陽の光は鏡に跳ね返されますが、釈尊の教えの智慧の光は鏡を貫いて阿難の無明《むみょう》の闇にまで届いたと、言っているのです。

その意味を少し尋ねてみましょう。阿難への説法が、釈尊によって四十八の本願として説かれますが、その第一願は、

たとい我、仏を得んに、国に地獄《じごく》・餓鬼《がき》・畜生《ちくしょう》あらば、正覚《しょうがく》を取らじ。

（『大経』・『聖典』一五頁）

から始まります。本願の成就という視点からこの因願文を読めば、阿弥陀の浄土に地獄・餓鬼・畜生などあるわけがありません。それにもかかわらずこのように説かれるのは、地獄・餓鬼・畜生は人間のほうに在《あ》る、いやあなた一人の中に在ると、如来が見抜いているからでしょう。その教えが届いたから、親鸞は法然の教えに「地獄は一定《いちじょう》すみかぞかし」*42と答えたのです。

良いか悪いか、勝つか負けるかという比較・相対の分別が、私たちの本性です。それは自己執着、自己保身、つまり自力の執心《しゅうしん》として反省が届かないほど深いのです。しかも、人間の眼は外に向いていますので、引き受けられないことが起こると、必ず

人のせいにします。しかし如来の智慧は、人間の内に向かって、自力の比べることに地獄の本《もと》があることを、五劫の昔から見抜いていたのです。人間が逆立ちしてもわからないことを、如来のほうから見抜かれていた、それが光明無量の感動です。ですから、本当の意味でこの身全体を救ってくださる仏教は、光明無量の光として私たちに届き、自力の執心をはるかに超えた相対分別以前の一如の世界、つまり寿命無量の世界へ私たちを解放していくのです。

その感動が、阿難の次の言葉に込められています。

威容顕曜にして、超絶したまえること無量なり。（『聖典』一五二頁）

「おごそかで光輝く釈尊のお姿は、世を超絶して無量です」と讃《たた》えます。「世を超絶した無量」とは、生死の相対を超えた一如の感動です。この無量寿・無量光は究極的には本願の名号に湛えられていますが、この二つは如来のほうから開かれる涅槃《ねはん》界《がい》の実際的なはたらきです。このように、教えが光という意味を持つ出遇いを通して、阿難は凡夫の身のままで超世の感動をいただいたのです。

阿難はこの感動を、次に「五徳瑞現《ごとくずいげん》」と「仏仏相念《ぶつぶつそうねん》」として表明します。「五徳瑞現」とは、今現に釈尊が阿弥陀如来の智慧を説いてくださった、それを五つの側面から表明したものです。ですから、これは光明無量の感動を五つに開いたものでしょう。もう一つの「仏仏相念」は、阿弥陀如来として今説法している釈尊を通して、過去と未来の永遠の仏の世界を誉めているのですから、寿命無量の具体相を表明しているのです。

宗祖は、法然との出遇いを、

いずれの行もおよびがたき身なれば、とても地獄は一定《いちじょう》すみかぞかし。
（『歎異抄』第二条・『聖典』六二七頁）

と、機の側面からしか表していませんが、阿難は超世の感動を、法の側面から「五徳瑞現」と「仏仏相念」として具体的に表明します。ですから、宗祖が「阿難尊者《あなんそんじゃ》＊43」と尊敬するのも、なるほどと思われます。

覚りを悟っていない未離欲《みりよく》の阿難が、阿弥陀如来の覚りの世界をこれほど具体的に表明するのですから、釈尊のほうが驚いたのです。なぜなら大乗の修道過程は、『大経』が説かれるまでは『菩薩瓔珞経《ぼさつようらくきょう》』に示されるように、菩薩の五十二位として説かれていました。つまり、十信《じゅっしん》・十住《じゅうじゅう》・十行《じゅうぎょう》・十回向《じゅうえこう》・十地《じゅうじ》・等覚《とうがく》・妙覚《みょうかく》の五十二位ですが、それで言えば、涅槃の覚りを得るのは、弥勒のような等覚の金剛心に到達した菩薩でなければ不可能です。要するに、如来のことは如来の境地にまで達していなければ、わかるはずがありません。それを未離欲の阿難が表明するのですから、釈尊のほうが驚いて問うのです。「阿難、あなたは私が如から来たことを、天の神に教えられたのか。それとも自分で聞いたのか」と。すると阿難が「いいえ、誰からも教えられていません。私自身の感動を正直に問うたまでです」と答えると、釈尊は「阿難よく問うた。その問いには深い意味が込められています。あなたは意識していなくても、覚りを悟れない一切衆生を哀れんで、深い智慧によって、如来の意義を問うたのです」と答えます。[*44] 釈尊はその阿難の言葉に応えて、今日こそ覚りを悟らなくても、凡夫のままで涅槃の覚りに包まれていく仏教、つまり一切衆生が救われる本願の教えを説く日がやっとやってきたと、出世本懐を述べるのです。

如来、無蓋の大悲をもって三界を矜哀したまう。世に出興する所以は、道教を光闡して、群萌を拯い、恵むに真実の利をもってせんと欲してなり。

（『聖典』一五三頁）

こういう素晴らしい出世本懐の言葉を釈尊が宣言するのです。先の「五徳瑞現」と「仏仏相念」、それにこの「出世本懐」がこれほど明確に説かれるのは、他の異訳の経典にはありません。宗祖がこの康僧鎧《こうそうがい》訳の『大経』を所依《しょえ》の経典とした大きな理由の一つが、ここにあります。この出世本懐を受けて、本願の教えが説かれることになります。ここに一切衆生が、本願の名号によって、凡夫のままで「誓願一仏乗《せいがんいちぶつじょう》*45」に救われていく仏道が具体化されることになるのです。

実は大乗仏教の常識では、この「一乗の真実」を説く経典が『法華経』です。しかし、この教えを聞いた者は、舎利弗《しゃりほつ》を中心とする数少ない優れた仏弟子のみです。ですから『法華経』は、エリートに説かれた経典と言えます。それに対して、釈尊在世時には覚りを悟れなかった未離欲の阿難に説かれるのが『大経』ですから、この対告衆《たいごうしゅう》の違いに、群萌が救われる経典の特質がよく表れています。

宗祖は徹底した凡夫の自覚に立った仏者ですから、『法華経』に説かれる「一乗真実」が、実際には『大経』の本願によって実現されるということを『教行信証』「行巻」に「誓願一仏乗」として掲げます。「誓願」とか「一仏乗」という言葉は、大乗仏教の慣用句ですが、「誓願一仏乗」は宗祖独自の造語です。ですからこの真宗の旗印に、『大経』こそが大乗の出世本懐経であるという、強い信念を表明していることになるのです。

＊42 『歎異抄』第二条・『聖典』六二七頁。
＊43 『浄土和讃』・『聖典』四八三頁。
＊44 『聖典』一五三頁取意。
＊45 『教行信証』「行巻」・『聖典』一九七頁。

第二節　五徳瑞現

さて、「教巻」の宗祖の『大経』の了解について、注意すべき点をいくつか指摘しておきましょう。まず、最初の文章ですが、『大経』発起序は、

尊者阿難、仏の聖旨《しょうし》を承《う》けてすなわち座より起《た》ち、偏《ひと》えに右の肩を袒《かたぬ》ぎ、長跪《ちょうき》合掌《がっしょう》して仏に白《もう》して言《もう》さく、「今日、世尊、諸根悦予《しょこんえつよ》し姿色《ししき》清浄《しょうじょう》にして、光顔《こうげん》巍巍《ぎぎ》とまします。明らかなる浄鏡の表裏に影暢《ようちょう》するがごとし。威容顕曜《いようけんよう》にして超絶したまえること無量なり。

（『聖典』七頁）

と説かれていますが、宗祖は、

今日世尊、諸根悦予し姿色清浄にして、光顔巍巍とましますこと、明らかなる

鏡、浄き影表裏に暢るがごとし。威容顕曜にして、超絶したまえること無量なり。

（『聖典』一五二頁、傍線筆者）

という阿難の言葉から引用します。経典のほうでは、「その時世尊は、体中から喜びを表し、そのお姿はこの世を超えた清浄なるお姿をしています」と、「光顔巍巍とまします」釈尊を客観的に見ている表現になっています。ところが宗祖は、「光顔魏魏とましますこと、明らかなる鏡」と続けることによって、客観的な表現ではなくて、阿難の主体的な光明無量・寿命無量の感動に変えています。そこに立って、「今日」を永遠なるものに出遇った感動の「時」、すなわち、時空を超えた「永遠の今」を表す言葉と読んでいるのです。

私たちの分別では、光明無量・寿命無量の徳を具《そな》えた釈尊が、凡夫の阿難を救ったと考えますが、実際はそうではありません。光明無量・寿命無量の徳を拝した阿難が、釈尊を仏にしたのです。仏が救うのではなくて、救われた者が仏と決定するのです。いくら威徳を具えた仏であると言っても、救われた者がいなければ仏ではありません。仏を証明する根拠は、救われたほうに在るのです。それが、考えることを超えた仏道の事実です。宗祖は、「光顔魏魏とましますこと、明らかなる鏡」と続けて、仏道の実際を表現しているのだと思います。

「教巻」では所依の経典の後に、異訳の経典である『無量寿如来会《にょらいえ》』と『平等覚経《びょうどうがくきょう》』が引用されます。*46『如来会』のほうは阿難の問いを引用し、『平等覚経』のほうは所依の経典ほど正確ではありませんが、その問いに答えた釈尊の出世本懐が引用されます。つまり、光明無量・寿命無量を拝して救われた阿難の問いが、釈尊に出世本懐を語らせたのです。宗祖の引用の仕方からそれがよくわかるようになっています。くどいようですが、威容顕曜たる釈尊が、淡々と出世本懐を述べたのではなくて、阿難の問いのほうが、釈尊に阿弥陀如来としての出世本懐を語らせて、一切衆生を救う本願の教えが説かれることになるのです。

もう一つ大切なことを指摘しておきます。宗祖は「教巻」の最後に、憬興《きょうごう》の『述文賛《じゅつもんさん》』を引用します。これは、他の巻の経・論・釈の引文とは違って、あくまでもこの出世本懐の文を正しく了解するために引用されたものです。

憬興は、『大経』に説かれる五徳瑞現の一々に細かく註釈をしていきます。そして最後に説かれた「阿難、当に知るべし、如来の正覚はその智量りがたくして、導御したまうところ多し。慧見無碍にして、よく遏絶することなし」という言葉について、阿難が感得した五徳瑞現に対して釈尊が応答したものであると註釈するのです。[*47] それをまとめると、次のようになります。

①今日《こんにち》世《せ》尊《そん》住《じゅ》奇《き》特《どく》法《ほう》　「阿《あ》難《なん》当《とう》知《ち》如来《にょらい》正覚《しょうがく》（阿難、当に知るべし、如来の正覚）」
②今日世《せ》雄《おう》住《じゅ》仏《ぶつ》所《しょ》住《じゅ》　「其《ご》智《ち》難《なん》量《りょう》（その智量りがたし）」
③今日世《せ》眼《げん》住《じゅ》導《どう》師《し》行《ぎょう》　「多《た》所《しょ》導《どう》御《ご》（導御したまうところ多し）」
④今日世《せ》英《よう》住《じゅ》最《さい》勝《しょう》道《どう》　「慧《え》見《けん》無《む》碍《げ》」
⑤今日天《てん》尊《そん》行《ぎょう》如来《にょらい》徳《とく》　「無《む》能《のう》遏《あつ》絶《ぜつ》（よく遏絶することなし）」

ところが宗祖は、この憬興の文を「教巻」では、次のように引用しています。

「阿難当知如来正覚」というは、すなわち奇特《きどく》の法なり。「慧見無碍」というは、最勝の道《どう》を述するなり。「無能遏絶」というは、すなわち如来の徳なり。
（『聖典』一五四頁）

これを見てわかるように、宗祖は第一・第四・第五番目だけを引用して、「乃至」と書かずに第二・第三番目は省略しています。要するに、『大経』の仏道にとって、引用した三つは欠かすことができない大切な意味があるという、宗祖の意図が窺えます。

阿難は凡夫のままで、①阿弥陀如来の正覚、つまり大涅槃の覚りに包まれた超世の感動を得ました。その阿難は、④「慧見無碍」という「最勝の道」、つまり無碍道に立ち、生涯⑤よく過絶することなく仏に成る道を全うするのです。

まず、④の無碍道について尋ねてみましょう。曇鸞の『浄土論註』に「無上正遍道《しょうへんどう》」の「道」の註釈がなされますが、宗祖も「行巻」に引用していますので、そこを見てみましょう。

「道」は無碍道なり。『経』（華厳経）に言《のたま》わく、「十方無碍人《むげにん》、一道より生死を出《い》でたまえり。」「一道」は一無碍道なり。「無碍」は、いわく、生死すなわちこれ涅槃なりと知るなり。かくのごとき等《ら》の入不二《にゅうふに》の法門は無碍の相なり。

（『聖典』一九四頁）

ここに『華厳経』を引用して曇鸞が言うように、無碍道とは「生死即涅槃《しょうじそくねはん》」を知ることです。このことから宗祖は、凡夫のままで大涅槃の覚りに包まれた阿難は「生死即涅槃」を知らされて無碍道に立ったのだと、伝えていることがよくわかります。

この「道」は、善導が著《あらわ》した「二河白道《にがびゃくどう》の譬喩《ひゆ》」の「道」と同じですが、宗祖は、

「道」は、すなわちこれ本願一実の直道《じきどう》、大般涅槃《だいはつねはん》無上の大道なり。

（『教行信証』「信巻」・『聖典』二三四頁）

と言います。これを「必可超証大涅槃《ひっかちょうしょうだいねはん》」という言葉で真の仏弟子の定義にします。

「信巻」の真仏弟子《しんぶつでし》釈を見てみましょう。

「真仏弟子」と言うは、「真」の言《ごん》は偽《ぎ》に対し、仮《け》に対するなり。「弟子」とは釈迦《しゃか》・諸仏の弟子なり、金剛心《こんごうしん》の行人《ぎょうにん》なり。この信・行に由《よ》って、必ず大涅槃を超証《ちょうしょう》すべきがゆえに、「真仏弟子」と曰《い》う。

（『聖典』二四五頁）

ここでわかるように、「真仏弟子」の定義が二つあります。一つは、これまで尋ねてきたように、「必可超証大涅槃（必ず大涅槃を超証す）」です。もう一つが、「金剛心の行人」です。

実は⑤の「無能遏絶」は、この定義の「金剛心の行人」を意味します。この「金剛心」とは、善導の二河白道の譬喩で言えば、別解《べつげ》別行《べつぎょう》の群賊悪獣《ぐんぞくあくじゅう》にも、四大《しだい》・五陰《ごおん》の自らの煩悩にも負けない心です。それを善導は「能生清浄願往生心（よく清浄願往生の心を生ぜしむる）[*48]」と、衆生の願往生心を言うのですが、宗祖は「往生」を取って「能生清浄願心」と読み替えて、次のように言います。

> 「能生清浄願心《のうしょうしょうじょうがんしん》」と言うは、金剛の真心を獲得《ぎゃくとく》するなり。本願力回向の大信心海なるがゆえに、破壊《はえ》すべからず。これを「金剛のごとし」と喩《たと》うるなり。
>
> （『教行信証』「信巻」・『聖典』二三五頁）

このように、実生活の中で世間の常識や他の思想にも、自らの煩悩にも負けないのは「本願力回向」だからです。衆生の「願往生心」と言っても、如来の願心そのもののですから、それを「金剛心の行人」と言って「真仏弟子」の定義にするのです。阿難が大涅槃の覚りに包まれたとしても、身は凡夫ですから、煩悩の身が消えたわけではありません。ですから、それ以降は煩悩の身と闘いながら、命終わるまで涅槃の覚りに帰ろうとする歩みになります。『大経』では、それを「正定聚《しょうじょうじゅ》に住す」と言い、「難思議往生《なんしぎ》」とも言います。それを大乗仏教では、「無碍道」・「大般涅槃道」と表すのです。「真仏弟子」の結釈《けっしゃく》で宗祖は、

真《まこと》に知りぬ。弥勒大士《みろくだいじ》、等覚金剛心《とうがくこんごうしん》を窮《きわ》むるがゆえに、龍華三会《りゅうげさんね》の暁《あかつき》、当《まさ》に無上覚位を極《きわ》むべし。念仏衆生は、横超《おうちょう》の金剛心を窮むるがゆえに、臨終一念の夕《ゆうべ》、大般涅槃《だいはつねはん》を超証《ちょうしょう》す。

（『教行信証』「信巻」・『聖典』二五〇頁）

と、その確信を述べています。

このように見てきますと、宗祖が憬興の引文でも、①「阿難当知如来正覚」、④「慧見無碍」、⑤「無能遏絶」だけを引用するのは、釈尊の本願の教えに出遇った阿難は、「必可超証大涅槃」と「金剛心の行人」の二つの功徳をいただいて、「真仏弟子」

になると言っていることになります。

ですからこの「教巻」は、『教行信証』全体の仏道を視野に据えながら、一切衆生が本願の名号に帰して（「信巻」）、「誓願一仏乗」（「行巻」）という超世の感動を得る。さらに如来の本願力によって「必可超証大涅槃」と、「金剛心の行人」の「真仏弟子」として必ず仏に成る（「証巻《しょうのまき》」）という『大経』の仏道が明らかにされています。これは実は、「凡夫は覚りを悟ることはできないし、仏道を歩くこともできない」という、聖道門の批判に見事に応えているのです。

ですから宗祖は、「教巻」の結釈で、

しかればすなわち、これ顕真実教《けんしんじつきょう》の明証《みょうしょう》なり。誠にこれ、如来興世《こうせ》の正説《しょうせつ》、（『聖典』一五四頁）

と述べるように、「発起序の文に、一切衆生が必ず仏に成るという仏道が明らかに証明されている、だからこの『大経』こそが、正しい出世本懐の教えである」と言うのです。

そしてその後、

奇特《きどく》最勝の妙典《みょうでん》、一乗究竟《くきょう》の極説《ごくせつ》、速疾円融《そくしつえんゆう》の金言《きんげん》、十方称讃《しょうさん》の誠言《じょうごん》、時機《じき》純熟《じゅんじゅく》の真教なり。知るべし、と。

（『聖典』一五四～一五五頁）

と、この五つの言葉で「教巻」が結ばれていきます。この五つの言葉の意味を調べて、よく味わってみてください。これが宗祖の身を通していただいた『大経』の仏道の感動です。つまり「教巻」を結ぶにあたって、阿難と同じように、親鸞自身の「五徳瑞現」を釈尊に捧げているのです。観念的な教理学のように、第三者的に仏道を語るのではなく、この身全体が本願に救われたという事実に立って、教・行・信・証と『大経』の本願の真理性を公開していくことになるのです。

＊46　『聖典』一五三～一五四頁。
＊47　『大正蔵』三七・一四七頁中段。
＊48　『聖典』二二〇頁。

第三章　一心帰命

第一節　真宗大綱

憬興は、『大経』の大略を次のように言います。

如来の広説に二あり。初めには広く如来浄土の因果、すなわち所行《しょぎょう》・所成《しょじょう》を説きたまえるなり。後《のち》には広く衆生往生の因果、すなわち所摂《しょしょう》・所益《しょやく》を顕《あらわ》したまえるなり。

（『述文讃』・『聖典』一八二頁）

これによれば、『大経』の上巻は、如来が一切衆生を救うために修行し、浄土を完成したことが説かれています。一方、下巻は、衆生がその浄土にどうして往生することができるのか、その原因と結果の利益が説かれています。これまで尋ねた発起序を踏まえて言えば、本願の教えに出遇った阿難が、凡夫のままで必ず仏に成る道に立てたのはなぜか、それを明らかにしているのが『大経』の下巻です。

その下巻の最初に、釈尊は第十一・必至滅度《ひっしめつど》の願成就文、第十七・諸仏称名の願成就文、第十八・至心信楽の願成就文の三つを並べて説きます。ですから、まず阿難が仏道に立てたのは、上巻に説いた本願が成就したからである、と教えているのです。それなら、四十八願全ての成就文が説かれてもよさそうです。おそらくこの三つの願は、それを代表して説かれているのでしょう。

『大経』の上巻で四十八願が説かれますが、その後、すぐに「三誓偈《さんせいげ》」が説かれます。四十八願に重ねて説かれるので、「重誓偈《じゅうせいげ》」とも呼ばれます。四十八の本願を説いた後に、法蔵菩薩が四十八願を三つにまとめるわけです。要するに四十八の本願を、この三つに代表させているのです。

その始めには、

我、超世《ちょうせ》の願を建《た》つ、必ず無上道に至らん、
この願満足せずは、誓う、正覚を成らじ。
（『聖典』二五頁）

と詠《うた》われて、「超世」が誓われます。仏教は、貧しく苦しんでいる人にお金を与える

わけではなく、病気で苦しんでいる人の病気を治すわけでもありません。そうではなく、世を超えることをもって、救いを与えるのです。「超世」とは、自力の相対分別を超えて、人間が人間を超える道であり、それが仏道です。釈尊の教えという限り、聖道門でも浄土門でも、この「超世」が全ての仏教の目標になります。ですから、最初に誓われる「超世」は、総願《そうがん》と言われます。よく知られている「四弘誓願《しぐぜいがん》」は、どの仏教にも共通ですから、これが総願に当たります。

それに対して、後に出てくる「貧苦《びんぐ》の救い」と「名号による救い」は、阿弥陀如来が一切衆生を救うために誓う特別な願ですから、別願《べつがん》と言われます。当然、この『大経』にも、世を超えるという形で仏教が説かれますので、第一に「超世」が誓われるのです。

その次から、阿弥陀如来だけの別願が説かれます。

我、無量劫《こう》において、大施主《だいせしゅ》となりて
普《あまね》くもろもろの貧苦《びんぐ》を済《すく》わずは、誓う、正覚を成らじ。
（同前）

ここに「貧苦の済」いが説かれます。「貧苦」とは、煩悩に縛られ、貧しく苦しむ凡夫のことです。このように浄土の仏教だけは、凡夫のままで救うと、阿弥陀如来が誓っているのです。つまり群萌のために、大涅槃の覚り（果）のほうから因位法蔵菩薩となって修行し、その一切の功徳を名号として与えるのです。果から因に向かう方向ですから、人間の発想とは逆です。

それに対して、聖道門は、覚りを悟って菩薩になり、人間を超えることを教えています。つまり、人間の努力向上の常識に合わせて、自力で修行を積み（因）、人間が覚り（果）に向かう、因から果の方向の仏教です。

このように、人間の考え方と逆の方向を持つのが浄土教の特徴ですから、「三誓偈」では「貧苦の救い」が、阿弥陀如来の別願として誓われるのです。

最後は、「名号による救い」が説かれます。

我、仏道を成るに至りて、名声《みょうしょう》十方に超えん。
究竟《くきょう》して聞《きこ》ゆるところなくは、誓う、正覚を成らじ。
（同前）

凡夫のままの救いを、どう実現するのか。法蔵菩薩はそれを、五劫思惟と兆載永劫の修行によって、名号一つを選んで衆生に与えたのです。その名号が衆生には本願招喚《しょうかん》の声として届きますので、「名声十方に超えん」と誓われるのです。

この「超世」・「貧苦の救い」・「名号による救い」の三つが、『大経』、つまり釈尊が説く「真宗大綱《たいこう》」です。大綱とは、地引網《じびきあみ》の最も大きな綱のことを言います。この綱が切れてしまえば、地引網の態をなしません。この三つの、どの一つが欠けても真宗にならないのです。ですから宗祖は、『教行信証』で真宗を語る時には、必ずこの三つを並べます。例えば「行巻」の結釈には、次のように述べられます。

おおよそ誓願について、真実の行信《ぎょうしん》あり、また方便の行信あり。その真実の行願《ぎょうがん》は、諸仏称名《しょうみょう》の願なり。その真実の信願《しんがん》は、至心信楽《しんぎょう》の願なり。これすなわち選択《せんじゃく》本願の行信なり。その機《き》は、すなわち一切善悪大小凡愚《ぼんぐ》なり。往生は、すなわち難思議《なんしぎ》往生なり。仏土《ぶつど》は、すなわち報仏報土《ほうぶつほうど》なり。これすなわち誓願不可思議、一実真如《しんにょ》海なり。『大無量寿経』の宗致、他力真宗の正意《しょうい》なり。

（『聖典』二〇三頁）

「一実真如海」という「超世」は、「選択本願の行信」、つまり「名号による救い」として衆生に実現します。その本願に救われる機である「貧苦の救い」は、「一切善悪大小凡愚」に相当します。宗祖がこのように結釈で、「超世」・「名号による救い」・「貧苦の救い」を記すのは、釈尊が「三誓偈」で説く真宗大綱に則っていることがわかります。

『教行信証』で宗祖が浄土真宗を表す時には、「三誓偈」の「超世」・「貧苦の救い」・「名号による救い」の三つで確認します。また、これから尋ねる『大経』には、「一心帰命《いっしんきみょう》」の部分と、「一心願生《がんしょう》」の部分が分けて説かれています。宗祖は、それに則って、浄土真宗を「帰命」と「願生」で表します。先の結釈で言えば、「帰命」が「選択本願の行信」で確かめられ、「願生」が「難思議往生」で確かめられています。

さて、下巻の最初に説かれる本願成就文に戻りましょう。上巻の「三誓偈」で四十八願が三つにまとめられますから、第十一・必至滅度の願成就文が「超世」、第十七・諸仏称名の願成就文が「名号による救い」を実現するのです。さらに、覚りを悟れない凡夫を他力の信心によって救うわけですから、第十八・至心信楽の願成就文が

「貧苦の救い」を実現します。このように、釈尊が説く真宗大綱に則って、本願成就文を説くのだと思われます。

第二節　大般涅槃道

1　現生正定聚

『大経』の下巻は、最初に第十一・必至滅度の願成就文が説かれます。阿難が、凡夫のままで大きな涅槃の覚りに包まれた感動、つまり「超世」の感動を、釈尊の言葉で教えていることになります。そこには、次のように説かれます。

それ衆生ありてかの国に生ずれば、みなことごとく正定《しょうじょう》の聚《じゅ》に住す。所以《ゆえ》は何《いか》ん。かの仏国の中には、もろもろの邪聚《じゃじゅ》および不定聚《ふじょうじゅ》なければなり。

（『聖典』四四頁）

ここに説かれる「正定聚」とは、「かの国に生ずれば」とあるように、浄土に生まれてからの位です。それを宗祖は、『一念多念文意《いちねんたねんもんい》』で次のように言います。

かくのごとく法蔵菩薩《ほうぞうぼさつ》ちかいたまえるを、釈迦《しゃか》如来、五濁《ごじょく》のわれらがためにときたまえる文《もん》のこころは、「それ衆生あって、かのくににうまれんとするものは、みなことごとく正定の聚に住す。ゆえはいかんとなれば、かの仏国のうちには、もろもろの邪聚および不定聚は、なければなり」とのたまえり。

（『聖典』五三六頁）

釈尊が五濁悪世《ごじょくあくせ》の衆生のために説いた成就文ですから、「かの国に生ずれば」となっている「生彼国者」を「かのくににうまれんとするものは」と読み替えています。「浄土に生まれんとする」衆生の願生心・信心に、浄土の正定聚が先取りされると教えているのです。身は凡夫ですから、浄土に生まれてしまったというわけにはいきませんが、本願成就の信心は如来の願心の現実体ですから、信心に如来の世界を開いて浄土の正定聚に立ったという感動を得るのです。

『大経』の本願成就の信心は、如来の願心と一如です。衆生の信心と如来の願心は、凡夫と仏で位が違うのですが、一如であることを説くのが『大経』の特質です。それを証明するために設けられたのが、『教行信証』「信巻」の「三心一心問答」です。宗祖は、これを踏まえて『教行信証』総序に、

竊《ひそ》かに以《おもん》みれば、難思《なんし》の弘誓《ぐぜい》は難度海《なんどかい》を度《ど》する大船《たいせん》、無碍《むげ》の光明は無明《むみょう》の闇《あん》を破する恵日《えにち》なり。（『聖典』一四九頁）

と、自らの『大経』の信心は「弘誓」と「光明」とを内実とする、如来そのものであると表明するのです。そうでなければ、五濁の世を生きる阿難が、未離欲のままで超世の感動を得るわけがないでしょう。ですから、第十一・必至滅度の願成就文は、身は凡夫であっても他力の信心には、阿弥陀の浄土が開かれ、正定聚に立つと教えているのです。

す。

2　往生から涅槃道へ

さて、先に引用した『一念多念文意』の文に続いて、次のように述べられています。

この二尊《にそん》の御《み》のりをみたてまつるに、すなわち往生すとのたまえるは、正定聚《しょうじょうじゅ》のくらいにさだまるを、不退転《ふたいてん》に住すとはのたまえるなり。このくらいにさだまりぬれば、かならず無上大涅槃にいたるべき身となるがゆえに、等正覚《とうしょうがく》をなるともとき、阿毘抜致《あびばっち》にいたるとも、阿惟越致《あゆいおっち》にいたるとも、ときたまう。即時《そくじ》入必定《にゅうひつじょう》とももうすなり。この真実信楽《しんぎょう》は、他力横超《おうちょう》の金剛心《こんごうしん》なり。

（『聖典』五三六頁）

第十八・至心信楽の願成就文の「即得往生《そくとくおうじょう》（すなわち往生す）」は、「正定聚のくらいにさだまる」ことであり、菩薩道ではそれを「不退転に住す」と言う、と指摘しています。さらに、正定聚に定まれば、「かならず無上大涅槃にいたるべき身となる」ため、「等正覚をなる」とも、「阿毘跋致にいたる」とも説き、それを龍樹は「即時入必定」と言うのです。

この文脈の中で最初に指摘しておきたいことは、宗祖が第十八・至心信楽の願成就文の「即得往生」を註釈する時には、一つの例外もなく「正定聚」と読み替えることです。[*49] それはなぜでしょうか。

例えば、「興福寺奏状」を起草した貞慶が、大原問答の時に法然に投げかけた批判です。

貞慶《じょうけい》問うて曰《い》わく。他力の頓《とん》とは往生以後の得悟、自力の頓とは現世にすなわち証入す。聖道《しょうどう》をもって勝と為し、浄土をもって劣と為すべきや。

（『大原談義聞書』・『昭法全』一〇九五頁）

貞慶は、「他力の仏道は浄土往生の後に悟りを得るが、自力聖道門では、この現世で覚りに入る。その意味で聖道門のほうが勝れていて、浄土教は劣っている」と非難するのです。彼は、浄土往生を現世と対比していますから、死後の往生と見ています。つまり、浄土門の死後の覚りよりも、聖道門の現世の覚りのほうが優れていると、浄土門を批判しているのです。『摧邪輪』を書いた明恵も、これと全く同じ考え方です。これが聖道門に共通していた固定観念ですから、法然の仏道の真理性を明らかにする際に、念仏往生を主張すれば、聖道門に死後の話かと耳をふさがれ、頭から否定されます。

ですから宗祖は、大乗仏教の最終目標である大涅槃の証得は他力の信心にあると、浄土教を一度、大乗仏教の土俵に戻して、念仏往生を大般涅槃道として明らかにしていくのです。浄土は、大涅槃の覚りから法蔵菩薩が開いたのですから、浄土に向かう往生がそのまま大涅槃への道に他なりません。大涅槃の証得なら大乗仏教全ての目標ですから、聖道門も耳を貸さざるを得ないでしょう。『教行信証』の核心になる「正信念仏偈《しょうしんねんぶつげ》」では、往生という言葉を一度も使わずに、

よく一念喜愛《いちねんきあい》の心《しん》を発《ほっ》すれば、煩悩を断ぜずして涅槃《ねはん》を得るなり。

（『聖典』二〇四頁）

惑染《わくぜん》の凡夫《ぼんぶ》、信心発《ほっ》すれば、生死即涅槃《しょうじそくねはん》なりと証知《しょうち》せしむ。

（『聖典』二〇六頁）

と言われるように、大般涅槃道で統一されているのはそのためです。

また、「証巻」は「必至滅度の願　難思議往生」*50と標挙が掲げられ、次の言葉で始まります。

謹《つつし》んで真実証《しんじつしょう》を顕《あらわ》さば、すなわちこれ利他円満《りたえんまん》の妙位《みょうい》、無上涅槃《ねはん》の極果《ごっか》なり。すなわちこれ必至滅度《ひっしめつど》の願より出《い》でたり。また証大涅槃《しょうだいねはん》の願と名づくるなり。しかるに煩悩成就《ぼんのうじょうじゅ》の凡夫《ぼんぶ》、生死罪濁《しょうじざいじょく》の群萌《ぐんもう》、往相回向《おうそうえこう》の心行《しんぎょう》を獲《う》れば、即《そく》の時に大乗正定聚《だいじょうしょうじょうじゅ》の数に入《い》るなり。正定聚に住するがゆえに、必ず滅度《めつど》に至る。

（『聖典』二八〇頁）

ここでもわかるように、『大経』の難思議往生の内容が、阿弥陀の浄土へ往生すると言うにとどまらず、浄土の根拠となっている阿弥陀知来の覚りそのもの、つまり「無上涅槃」・「大般涅槃」への道に意味づけし直されています。この大涅槃の覚りは、一般的には六波羅蜜の修行で菩薩が得るものです。ところが宗祖は、「煩悩成就の凡夫、生死罪濁の群萌」が信心によって涅槃の覚りに包まれ浄土の正定聚に立つため、必然的に大涅槃に至ると説くのです。

そのキーワードになる言葉が「大乗正定聚」です。菩薩道で覚りを得る大般涅槃道と、浄土教の念仏往生とがちょうど重なる交差点が、この大乗正定聚なのです。菩薩道では自力の修行によって大涅槃の覚りを得るのですが、浄土教では本願の道理によって大乗正定聚の因に、果の大涅槃の覚りが必然するのです。ですから宗祖は、第十八願成就文の「即得往生　住不退転《じゅふたいてん》」を必ず正定聚に読み替えて、そこを基点にして念仏往生を大般涅槃道に根源化するのです。

3　『浄土論註』の易行道釈

このような宗祖の着眼点は、曇鸞の『浄土論註』（以下『論註』）から読み取ったものだと思われますので、そこを少し尋ねてみましょう。『論註』は、龍樹・天親の大乗菩薩道を、凡夫の仏道に転換する仕事を成し遂げました。その易行道釈を見てみましよう。

「易行道《いぎょうどう》」は、いわく、ただ信仏の因縁をもって浄土に生まれんと願ず。仏願力《ぶつがんりき》に乗じて、すなわちかの清浄の土《ど》に往生を得しむ。仏力《ぶつりき》住持して、すなわち大乗正定《しょうじょう》の聚《じゅ》に入《い》る。正定はすなわちこれ阿毘跋致《あびばっち》なり。（『聖典』一六八頁）

曇鸞は、信仏の因縁によって獲得される大乗正定聚は、龍樹が得た空《くう》の覚りである不退転と同じであると述べます。『論註』の場合は、大乗菩薩道の不退転が、凡夫の往生に実現する正定聚と同じものと説いて、大乗菩薩道（大般涅槃道）から凡夫の往生道へと転換します。それに対して宗祖の『教行信証』は、凡夫の往生道から大般涅槃道へと、曇鸞と逆の方向で仏道観を転換します。しかし、「正定はすなわちこれ阿毘跋致なり」と言われることから、そのキーワードになる「大乗正定聚」が交差点になっていることを、曇鸞から学んだことがわかると思います。

易行道釈の文章を少し丁寧に見てみましょう。ここでは、易行道が四つに分けて述べられています。

①信仏の因縁（一心）によって願生する。
「ただ信仏の因縁をもって浄土に生まれんと願ず」
②仏願力によって浄土に往生させられる。
「仏願力に乗じて、すなわちかの清浄の土に往生を得しむ」
③浄土で阿弥陀如来の住持力によって大乗正定聚に入る。
「仏力住持して、すなわち大乗正定の聚に入る」
④正定は阿毘跋致（不退転）である。
「正定はすなわちこれ阿毘跋致なり」

①②は、第十八・至心信楽の願成就文を表しています。③は、第十一・必至滅度の願成就文を表しています。さらに④では、浄土の正定聚と龍樹が説く阿毘跋致とは同じであると言います。正定聚は浄土の不退転を表すのですから、「彼土不退《ひどふたい》」です。曇鸞また龍樹の阿毘跋致は、『十住毘婆沙論《じゅうじゅうびばしゃろん》』「易行品」では「現生不退《げんしょう》」です。*51は、それが等しいというのですから、彼土である浄土が、本願力によって他力の信心に必然として開かれるのです。ですから、彼土と言っても現生に決まっています。こ

のように易行道釈に説かれる①②③④は、時間や場所の差異があるように見えますが、本願成就の信心が内に深く如来を尋ねあてている深化の道程です。衆生の信心と如来の浄土とは一如であるという本願成就の事実を、『歎異抄』では「誓願不思議にたすけられ[*52]」ると言いますし、『教行信証』では本願力回向として証明していくことになるのです。

曇鸞が、浄土に生まれてから得る正定聚と、龍樹の説く阿毘跋致が等しいと言うのは、勝手な見解を述べているのではなく、第十八願成就文によると思われます。第十八願成就文には、「即得往生」と「住不退転」と二つのことが並べて説かれています。凡夫の救いを説くのなら、「即得往生」だけでいいはずです。ところが、『大経』には二つの対告衆が掲げられています。一つは阿難を代表とする凡夫を包むグループ、もう一つは大乗の菩薩たちです。この二つが本願によって救われることを説くのが『大経』です。ですから第十八願成就文には、凡夫の救いである「即得往生」と、菩薩の覚りである「住不退転」が並べて説かれます。要するに、凡夫の救いである浄土往生と、菩薩の覚りを得た不退転とは、第十八願の成就文においては等しいと言うのです。曇鸞は、それによって易行道釈の了解を述べているのです。

宗祖はこの曇鸞の易行道釈を受けて、『浄土三経往生文類《じょうどさんぎょうおうじょうもんるい》』に「大経往生」を明らかにしています。

大経往生《だいきょうおうじょう》というは、如来選択《せんじゃく》の本願、不可思議の願海、これを他力ともうすなり。これすなわち念仏往生の願因によりて、必至滅度《めつど》の願果をうるなり。現《げん》生《しょう》に正定聚《しょうじょうじゅ》のくらいに住して、かならず真実報土《ほうど》にいたる。これは阿弥陀如《あみだにょ》来《らい》の往相回向《おうそうえこう》の真因《しんいん》なるがゆえに、無上涅槃《ねはん》のさとりをひらく。これを『大経』の宗致《しゅうち》とす。このゆえに大経往生ともうす。また難思議《なんしぎ》往生ともうすなり。

（『聖典』四六八頁）

この文の大切なところを解説しておきましょう。大経往生は本願力による往生であって、自力の往生ではありません。ですから、第十八願の因の信心に、第十一願の果である必ず滅度に至ることを得るのです。それを、「現生に正定聚のくらいに住して、かならず真実報土にいたる」と「現生正定聚」で押さえます。

この「かならず」という言葉は、来るべき未来に必ず浄土に生まれる、という意味ではありません。そうではなくて、不虚作住持功徳《ふこさじゅうじくどく》の「不虚作」という意味です。他力の信心は本願に帰命した心ですから、本願力による浄土が、今必然的に開かれるという必然の意味です。今生きている間に本願力のほうから浄土が開かれ正定聚に住して、煩悩の身を超えたいという意欲によって、無上涅槃の覚りに向かう歩みに立つのです。それはなぜかと言うと、阿弥陀如来の往相回向という本願力による難思議往生だからです。

4　涅槃の覚りに包まれる

曇鸞は、難思議往生を実現する本願の道理を、『論註』の不虚作住持功徳で明確にしています。

「不虚作住持功徳成就《ふこさじゅうじくどくじょうじゅ》」は、蓋《けだ》しこれ阿弥陀如来の本願力なり。乃至　言うところの不虚作住持は、本《もと》法蔵菩薩の四十八願と、今日の阿弥陀如来の自在神力《じざいじんりき》とに依《よ》ってなり。願もって力を成ず、力もって願に就《つ》く。願徒然《とぜん》ならず、力虚設《こせつ》ならず。力・願あい府《かの》うて畢竟《ひっきょう》じて差《たが》わず。かるがゆえに成就と曰《い》う、と。

（『聖典』三一六頁）

そもそも不虚作住持功徳の「不虚作住持」とは、本願の住持力によって必ず仏に成ることが確定し、それが虚《むな》しく終わらない、という意味です。ですから、この不虚作住持功徳で、仏道が完成するのです。その理由がここに述べられています。因の本願（信心）には、果の阿弥陀如来の自在神力（大涅槃の覚り）が実現し、果の阿弥陀如来の覚りに包まれると、法蔵菩薩のご苦労を憶《おも》い、因の四十八願に向かうのです。本願の成就とは、因の本願と果の阿弥陀の覚りとが相互に成就し合い、必ず仏に成るという仏道の完成を言うのです。

このような本願成就の道理を踏まえて、宗祖は不虚作住持功徳の偈文について『尊号真像銘文』で次のように言います。大切な文章ですから、心して読んでください。

「能令《のうりょう》速満足《そくまんぞく》　功徳大宝海《くどくだいほうかい》」というは、能はよしという、令はせしむという、速はすみやかにとしという、よく本願力を信楽《しんぎょう》する人は、すみやかにとく功徳の大宝海を信ずる人の、そのみに満足せしむるなり。如来の功徳のきわなくひろくおおきに、へだてなきことを大海のみずのへだてなくみちみてるがごとしと、たとえたてまつるなり。（『聖典』五一九頁）

本願力を信ずる人は、本願の道理によって、能《よ》く速《すみ》やかに如来のほうから、大宝海にも譬えられる大涅槃の大いなる功徳によって満足せしめられるのです。大涅槃の功徳とは、相対分別によって比べることを超えた、一如のはたらきです。その大海に包まれて、比べる必要のない、私が私でよかったと、初めて人生の全体が自体満足せしめられることです。誤解を恐れずに言えば、如来の覚りが開かれた心を信心と表し、その覚りが一切衆生を包む「海」と表されているのです。その浄土教の覚りを、天親が「能令速満足　功徳大宝海」と詠ってくださった、と宗祖は言っているのです。

宗祖がこのような感動を伝えるのは、ここだけではありません。『一念多念文意』にも説かれていますので見ておきましょう。

真実功徳ともうすは、名号なり。一実真如《いちじつしんにょ》の妙理《みょうり》、円満せるがゆえに、大宝海にたとえたまうなり。一実真如ともうすは、無上大涅槃《だいねはん》なり。涅槃すなわち法性《ほっしょう》なり。法性すなわち如来なり。宝海ともうすは、よろずの衆生をきらわず、さわりなく、へだてず、みちびきたまうを、大海のみずのへだてなきにたとえたまえるなり。

（『聖典』五四三頁）

ここでは名号の法のほうから、功徳の宝海に包まれることが述べられます。それはとりもなおさず無上大涅槃に包まれることであり、無上大涅槃はそのまま法性であり、如来そのものです。どんな衆生も嫌わず隔《へだ》てず、大海の水のように一切を包むのです。

もう一つ不虚作住持功徳の偈文について、機のほうから説かれている文章を見ておきましょう。

「大宝海」は、よろずの善根功徳《ぜんごんくどく》みちきわまるを、海《かい》にたとえたまう。この功徳をよく信ずるひとのこころのうちに、すみやかに、とくみちたりぬとしらしめんとなり。しかれば、金剛心《こんごうしん》のひとは、しらず、もとめざるに、功徳の大宝、そのみにみちみつがゆえに、大宝海とたとえたるなり。
（『聖典』五四四頁）

ここでは金剛心の行人である真の仏弟子は、自分から求めなくても、本願の道理によって大涅槃の功徳宝海に包まれると述べられます。このように、因の信心には果の大涅槃に包まれるという驚くべきことが実現する、それを他力横超の金剛心と言うのです。

聖道門なら涅槃を悟ると言うところでしょうが、『大経』は本願の道理が湛えられた名号によって、如来のほうから開かれる無量寿・無量光に包まれるのです。本願の教えに出遇った阿難の感動がそうでした。光明無量・寿命無量がそもそも大涅槃の具体的なはたらきなのですから、大涅槃のはたらきの中に凡夫のままで解放されていったのです。身は凡夫ですから、決して悟るのではありません。けれども、本願の名号のほうから海のような一如の大涅槃の功徳に包まれていくのです。大涅槃に包まれたという事実をもって、「正定聚のくらいに住」すと言うのです。その事実がなければ、正定聚の根拠はどこにもないことになります。一心帰命の信心によって、如来の大涅槃の覚りに包まれた事実が正定聚なのです。そうであれば、もともと正定聚が浄土の位として説かれるのも当然と言えます。

果の大涅槃のほうから始まる往生の歩みは、因の信心に必ず仏に成ることが保証されています。それを正定聚と言うのですから、『大経』下巻は、正定聚を説く果の第十一・必至滅度の願の成就文から始まるのです。

常識で考えると、次に説かれる第十七・諸仏称名の願成就文と第十八・至心信楽の願成就文の行信の成就によって、果の大涅槃が開かれるのですから、第十七・第十八・第十一願の順に説かれたほうが順当だと思います。ところが釈尊は、第十一願の成就文から先に説きます。それは、阿難の「超世」の感動が第一だからです。涅槃に包まれた果から始まる仏道は、たとえ凡夫の信心であっても、それを因として必ず仏に成ることが必然します。そこに『大経』の仏道の優れたところがあるのです。

＊49　例えば、『尊号真像銘文』（『聖典』五一三頁）、『一念多念文意』（『聖典』五三五頁）、『唯信鈔文意』（『聖典』五五〇頁）。

＊50　『聖典』二七九頁。

＊51　『聖典』一六五頁参照。

＊52『歎異抄』第一条・『聖典』六二六頁。

第三節　信心の仏道

1　第十八・至心信楽の願成就文

大涅槃の覚りは、聖道門のように修行によって悟るのではありません。阿難の能力とか資質とか修行の努力によるのではなく、誓願不思議の道理によって、名号のほうから開かれてくるのです。それを阿難に教えるのが、次の第十七・諸仏称名の願成就文です。それが次のように説かれます。

十方恒沙《じっぽうごうじゃ》の諸仏如来、みな共に無量寿仏《むりょうじゅぶつ》の威神功徳《いじんくどく》の不可思議なることを讃歎《さんだん》したまう。

（『聖典』四四頁）

十方のガンジス川の砂の数ほどの諸仏たちが、我われに先立って念仏に生き念仏に死んで、一切衆生を救う如来の本願力の不思議を証明し讃嘆してくださった。その諸仏たちが伝えてくださった念仏によらなければ、凡夫が仏教に目覚める手立てはどこにもありません。ですから、阿難にとっては釈尊が善知識《ぜんじしき》ですが、宗祖にとっては「十方恒沙の諸仏如来」の先端にいたのが法然です。その善知識の教えによることを教えるのが、第十七・諸仏称名の願成就文です。

人は生まれてから出遇った人によって自分ができていきます。まず、両親や家族の影響、幼稚園や小学校に行けば先生や友だち等の影響に始まって、成人し社会に出ればそこで影響を受けた人によって自分が作られてきています。もしその影響を一つ一つ取り去ることができるなら、自分と言ってもついにはゼロになるでしょう。それを見抜いている仏のほうが、出遇っただけで身に染み込むような教えにまでしてくださったのが本願の教えです。聖道門は、優れた菩薩の修行によるのですから、一切衆生の仏道にはなりません。諸仏の教えに出遇っただけでわかる仏教、そこに一乗の仏教が実現するのです。

さて、その教えに出遇い、善知識の護持《ごじ》養育によって時機が熟し、自力無効を通して、他力の教えを生きることになります。如来の名号（大行）を信じる信心に、大涅槃が開かれるのですが、それを教えるのが、次に説かれる第十八・至心信楽の願成就文です。

あらゆる衆生、その名号を聞きて、信心歓喜《かんぎ》せんこと、乃至一念せん。心《しん》を至し回向《えこう》したまえり。かの国に生まれんと願ずれば、すなわち往生を得て不退転《ふたいてん》に住す。唯五逆《ただごぎゃく》と誹謗正法《ひほうしょうぼう》とを除く。（同前）

善知識に教えられた名号を、始めは理解しようとかわかろうと努力しますが、そもそも仏教は人間の理解を超えています。その聞法《もんぽう》の苦労を通して、やがて理解を破り如来のほうから人間存在を見抜いていた光明無量の智慧によって、大涅槃の覚りに包まれるのです。その心を「信心歓喜せんこと、乃至一念せん」と、他力の信心として表現しています。

ですから信心と言っても、何かを信じるという人間の精神作用ではありません。果のほうの「帰命尽十方無碍光如来《きみょうじんじっぽうむげこうにょらい》」、つまり「今日の阿弥陀如来の自在神力」に包まれた心、それは光明無量・寿命無量の涅槃の覚りに目覚めた心と言ってもいいと思います。当然それは、相対自力の心が破られて一如の真実に眼を開くのですから、人間心を超えた「本願力回向の信心」[*53]・「如来よりたまわりたる信心」[*54]と表現するしかないのでしょう。

それを因のほうから言えば、法蔵菩薩の願心を生きる者になると言うべきでしょう。『尊号真像銘文』の、宗祖の了解を聞いてみましょう。

「至心信楽《ししんしんぎょう》」というは、至心は、真実ともうすなり。真実ともうすは、如来の御《おん》ちかいの真実なるを至心ともうすなり。煩悩具足《ぼんのうぐそく》の衆生は、もとより真実の心《しん》なし、清浄の心なし。濁悪邪見《じょくあくじゃけん》のゆえなり。信楽というは、如来の本願、真実にましますを、ふたごころなくふかく信じてうたがわざれば、信楽ともうすなり。この至心信楽は、すなわち十方の衆生をしてわが真実なる誓願を信楽すべしとすすめたまえる御ちかいの至心信楽なり。凡夫自力のこころにはあらず。「欲生我《よくしょうが》国《こく》」というは、他力の至心信楽のこころをもって、安楽浄土にうまれんとおもえとなり。

（『聖典』五一二頁）

信心は「凡夫自力のこころ」を超えた、「至心信楽」の如来の願心であると言います。「煩悩具足の衆生は、もとより真実の心なし、清浄の心なし。濁悪邪見」であるから、法蔵菩薩が至心信楽の真実信心にまでなってくださったと、宗祖は、その真実心に貫かれたご苦労を讃嘆しているのです。

この文章は、「煩悩具足の衆生」の懺悔と「至心信楽」の願心との対比で説かれていますから、『教行信証』「信巻」の「三心一心問答」を踏まえているものと思われます。ここでは、「信楽釈」の大切なところだけを見てみましょう。

しかるに無始より已来《このかた》、一切群生海《ぐんじょうかい》、無明海《むみょうかい》に流転《るてん》し、諸有輪《しょうりん》に沈迷《ちんめい》し、衆苦《しゅく》輪《りん》に繋縛《けばく》せられて、清浄の信楽《しんぎょう》なし。法爾《ほうに》として真実の信楽なし。ここをもって無上功徳、値遇《ちぐう》しがたく、最勝の浄信、獲得《ぎゃくとく》しがたし。（中略）この虚仮《こけ》・雑《ぞう》毒《どく》の善をもって、無量光明土《むりょうこうみょうど》に生まれんと欲する、これ必ず不可なり。何をもってのゆえに、正《まさ》しく如来、菩薩の行を行じたまいし時、三業の所修、乃至《ないし》一念・一刹那《いっせつな》も疑蓋雑《ぎがいまじ》わることなきに由《よ》ってなり。この心はすなわち如来の大悲心なるがゆえに、必ず報土《ほうど》の正定《しょうじょう》の因と成る。如来、苦悩の群生海を悲憐《ひれん》して、無碍《むげ》広大の浄信をもって諸有海《しょうかい》に回施《えせ》したまえり。これを「利他真実の信心」と名づく。

（『聖典』二二七〜二二八頁、中略筆者）

この文章は、次のような意味です。「永遠の昔から一切の群生海は、無明の闇に流転し、生死の海に沈み苦しみに縛られて止《とど》まるところがありません。ですから衆生には、本来的に世を超えるような信楽などありません。であれば、如来の無上の功徳である名号に出遇うことは不可能ですし、最勝の浄信を獲得することも不可能です。そのような衆生の嘘偽りの善で、阿弥陀如来の無量光明土に生まれたいと欲しても、不可能です。なぜかと言えば、正《まさ》しく如来が法蔵菩薩として永遠の修行をした時に、身《しん》口意《くい》の三業の修行のほんの一瞬でも、一切衆生を全て救いたいという心に疑いを抱いたことはないからです。この心は如来の大悲心そのものですから、必ず真実報土の往生を遂げる正しい因となるのです。如来は、苦悩する群生の海を悲しみ憐れんで、障《さわ》りのない広大な他力の信心を施し与えたのです。これこそ「他力の真実の信心」と名づけるのです」。これが、おおよその意味です。

「至心釈」もそうですが、この「信楽釈」も自力無効の徹底した懺悔から始まります。「帰命尽十方無碍光如来」に帰依したその身は、「無明海に流転し、諸有輪に沈迷し、衆苦輪に繋縛」される他にはないと表明します。それがさらに、「ここをもって無上功徳、値遇しがた（難叵）く、最勝の浄信、獲得しがた（難叵）し」と確かめられて、本願の名号に遇うための浄信は、「獲得し難叵《がた》し」と悲歎されています。宗祖は、「難」に「叵」という字を添えています。「叵」とは「可」を逆さまにした字ですから、絶望的に不可能であるという意味です。それに「法爾として」を加えて、衆生の本来性として真実の信楽など実現不可能である、と言うのです。したがって、衆生の一切の諸行はどんなに真面目であろうと、「雑毒《ぞうどく》・雑修《ざっしゅ》の善」、「虚仮《こけ》・諂偽《てんぎ》の行」としか言いようがありません。ですから、「この虚仮・雑毒の善をもって、無量光明土に生まれんと欲する、これ必ず不可なり」と、宗祖は明確に人間のほうからの救済の放棄を宣言しています。

ところがそれを受けて、「何をもってのゆえに」と続きます。「衆生の往生が不可能な理由は、法蔵菩薩の修行が真実だからです」と、接続詞の意味がわかりにくく、続きの悪い文章になっています。この文章の意味を取って言えば、衆生が信楽を獲得することが不可能な理由は、如来が真実信心を回施してくださっているからである、という意味です。つまり、衆生の難信の理由が、如来の真実信心の回施になっているのです。曽我先生はこれを、「難信《なんしん》の理由が、そのまま獲信《ぎゃくしん》の理由である」*55と言います。

その意味は、「まず、一切衆生が虚仮雑毒の善では救われないから、法蔵菩薩が真実信心にまでなってくださった。次に、今その真実信心に立って、必ず真実報土に生まれる身となってみれば、かえって救われない理由がはっきりした」と、救われた目覚めに立って救われない理由を言っているために、意味が取りにくいのではないかと思われます。要するに、真実信心の回施に立って、そこから難信の理由を述べているのです。それは、獲信の事実の解説ではなく、実践として表現しているためにわかりにくいのでしょう。

「信楽釈」ではこの後に、

本願信心の願成就の文《もん》、

『経』（大経）に言《のたま》わく、諸有《しょう》の衆生、その名号を聞きて信心歓喜《かんぎ》せんこと、乃《ない》至《し》一念せん、と。

（『聖典』二二八頁）

とあるように、第十八願成就文の前半を引用して、宗祖は「本願信心の願成就の文」という題を付けます。つまり成就文の前半は、人間の自力とは異質な本願の信心が実現し、それによって仏道の全てを衆生に手渡すことを示しているのです。

それがなぜ起こるのかを次の「欲生釈」に尋ねて、欲生心は如来の「回向心」であることを証明します。[*56] その後に、

ここをもって本願の欲生心成就の文《もん》、『経』（大経）に言《のたま》わく、至心回向したまえり。かの国に生まれんと願ずれば、すなわち往生を得《え》、不退転に住せんと。唯《ただ》五逆と誹謗《ひほう》正法《しょうぼう》とを除く、と。

（『聖典』二三三頁）

とあるように、第十八願成就文の後半を引用して、宗祖は「本願の欲生心成就の文」という題を付けます。つまり成就文の後半は、他力の信心として仏道の全てが実現するのは、如来の欲生心、つまり本願力回向によることを教えているのです。

この「三心一心問答」では、「至心釈」・「信楽釈」・「欲生釈」の全ては、「無始より

已来、一切群生海、無明海に流転し、諸有輪に沈迷し」と、永遠の時間迷いを続ける懺悔から始まります。このような明確な自力無効の目覚めがあるために、第十八・至心信楽の願成就文の「至心回向」を「至心回向したまえり」と、如来の回向として訓点を付さざるを得なかったのです。この訓点によって、他力の信心は如来の願心そのものであることがわかります。

宗祖がこのような訓点を施したについてはいくつか理由がありますが、後の内容にも関わりますので、ここでは『大経』の第二十願との関係に言及しておきます。第二十願の因願は、次のように説かれます。

たとい我、仏を得んに、十方の衆生、我が名号を聞きて、念を我が国に係《か》けて、もろもろの徳本《とくほん》を植《う》えて、心を至し回向《えこう》して我が国に生まれんと欲《おも》わんに、果遂《かすい》せずんば、正覚を取らじ。（『聖典』一八頁、傍線筆者）

ここには、第十八願成就文と共通する浄土真宗の核心を表す言葉が説かれています。それは、「聞我名号《もんがみょうごう》」（第十八願成就文は「聞其名号《もんごみょうごう》」）と「至心回向《ししんえこう》」です。「至心回向」は、『大経』上巻では第二十・植諸徳本《じきしょとくほん》の願にしか見ることができませんし、下巻では第十八・至心信楽の願成就文にしか見ることができません。その意味で第二十願と第十八願とは、内面的に深く通じ合っており、相互に響き合っていると思われます。

この第十八・至心信楽の願成就文にある「至心回向」を、宗祖以外の仏者は「乃至一念至心に回向して」[*57]と、一連に読んでいました。そのために、衆生が真心を込めて念仏を回向してという意味になり、「乃至一念」は念仏を表す「行の一念」という意味と理解されていました。そのため「至心回向」は、当然、信心の行者の自力の回向という意味になっていたのです。そう読むと、他力を表す至心信楽の願成就文なのか、それとも自力を表す植諸徳本の願成就文なのか区別がつかなくなってしまいます。自力の回向ならば臨終来迎《りんじゅうらいこう》を待つ以外にないわけですから、救いは臨終になります。要するに、本願の救いは臨終の一念なのか、それとも現在の信の一念なのかが不明確になるのです。

宗祖はそれを明確にするために「乃至一念」で句点を打ち、そこで成就文を二分します。「乃至一念」はもともと「至心回向」に係る言葉でしたが、句点を打ってそこで切ったために、前にある「信心歓喜《しんじんかんぎ》」と同格になって、従来の読みの「行の一念」から、新しく「信の一念」を表す語に意味を変えました。そのために「至心回向」は独立した句となって、それだけでは読めなくなります。そこで宗祖は、「至心回向したまえり」と尊敬語を付して、如来の回向と読み替えたのです。この宗祖の独自の読み方によって、前にある「信心歓喜　乃至一念」を、如来の本願力回向によって賜《たまわ》った信心であるという意味に転じたのです。

如来の回向による信心ですから、如来の浄土はその信心に即開かれて、信の一念に「即得往生　住不退転」が実現します。つまり、他力の信心によって現生に正定聚に住するのですから、宗祖は、死後の救いから、平生業成《へいぜいごうじょう》の今の一念に救いを取り戻したのです。

宗祖は第十八願成就文の前半を「本願信心の願成就の文」とし、後半を「本願の欲生心成就の文」と二分しますが、衆生の信心と如来の欲生の願心とは、衆生と如来の位相の違いは明確であっても別なものではありません。先の「三心一心問答」の思索にしたがって、「至心回向したまえり」と訓じたのです。衆生とは絶対断絶した如来からの回向ですから、そこには衆生の能力・資質・努力等の人間的なものは一切問われません。凡夫であることの全体を見抜かれて懺悔させせられた「深広無涯底《じんこうむがいてい》」の「如来の智慧海」*58をただ仰ぐ他はないのです。第二十願の機と第十八願の法とが「至心回向」を転回点にして、深く通じているのです。どこまでも凡夫の身であることを教え、第十八願成就の世界を手放しで仰ぐ者にする、そこに第二十願における果遂の誓いの大悲の方便を仰ぐのですが、それは『大経』正宗分《しょうじゅうぶん》の最後に説かれますので、改めて詳説しましょう。

先ほどこの「即得往生」を宗祖は、必ず正定聚と読み替えると指摘しましたが、もう一つ、「即得往生」はいつも「摂取不捨《せっしゅふしゃ》」と同意として表されます。次の文章を見てください。

「即得往生《そくとくおうじょう》」というは、「即」は、すなわちという、ときをへず、日をもへだてぬなり。（中略）真実信心をうれば、すなわち、無碍光仏《むげこうぶつ》の御《おん》こころのうちに摂取《せっしゅ》して、すてたまわざるなり。「摂」は、おさめたまう、「取」は、むかえとると、もうすなり。おさめとりたまうとき、すなわち、とき・日をもへだてず、正定《しょうじょう》聚《じゅ》のくらいにつきさだまるを、往生をうとはのたまえるなり。

（『一念多念文意』・『聖典』五三五頁、中略筆者）

「摂取不捨」とは、凡夫のままで如来の大悲の中に摂《おさ》め取られているという目覚めですから、大悲内存在つまり浄土（大涅槃）の中にあるという目覚めです。そこに、浄土門の覚りを「海」と表す理由があります。凡夫の身で悟ることはできませんが、本願の教えによって相対分別が地獄の本であると見抜かれて、如来の一如の世界に解放され、それに包まれるのです。それが『大経』の信心に開かれる、覚りの特質です。

これまで尋ねてきたように、阿難が大涅槃の覚りに包まれて救われた感動の意味を、『大経』下巻の冒頭で釈尊は、第十一願（超世）、第十七願（名号による救い）、第十八願（貧苦の救い）の成就文によって教えています。それは、この三願が「三誓偈」に詠われる通り、四十八願を代表した真宗大綱を表す願だからだと思われます。

そして、第十八願成就文の「即得往生　住不退転」を全て正定聚に読み替えて、第十一・必至滅度の願成就文の意味を内に包むのです。さらに、第十八願成就文の「聞其名号」とは、第十七願成就の諸仏の称名を聞くのですから、ここに説かれる三願の成就文は、全てが第十八・至心信楽の願成就文一つに収まるのです。ここに、大乗仏教の初祖である龍樹が「信方便の易行」[*59]として明らかにした浄土真宗は、宗祖によって第十八願成就文に着地することになったのです。

2　三輩章

さて『大経』の下巻では、第十八願成就文が説き終わると、

仏、阿難に告げたまわく、「十方世界の諸天人民《にんみん》、それ心《しん》を至してかの国に生まれんと願ずることあらん。おおよそ三輩《さんぱい》あり。（『聖典』四四頁）

と言われて、上輩・中輩・下輩を内容とする三輩章が説かれていきます。ここは自力の往生が説かれるところですから、『観経』の上品上生《じょうぼんじょうしょう》から下品下生《げぼんげしょう》に相当するところです。善導は、下品下生に立って、『観経』の「至誠心《しじょうしん》・深心《じんしん》・回向発願心《えこうほつがんしん》」の三心《さんじん》を了解し、深心釈で次のように二種深信を説きます。

一つには決定《けつじょう》して深く、「自身は現にこれ罪悪生死《ざいあくしょうじ》の凡夫《ぼんぶ》、曠劫《こうごう》より已来《このかた》、常に没《もっ》し常に流転《るてん》して、出離《しゅつり》の縁あることなし」と信ず。二つには決定して深く、「かの阿弥陀仏の四十八願は衆生を摂受《しょうじゅ》して、疑いなく慮《おもんぱか》りなくかの願力に乗じて、定《さだ》んで往生を得《う》」と信ず。（『観経疏』「散善義」・『聖典』二一五～二一六頁）

この二種深信で、自力無効をくぐって『大経』の四十八願に眼を開くのですから、ここが『観経』の自力から他力への転回点になるところです。

この『観経』の核心になる部分が、『大経』には下巻の最初に三輩章として収められています。さらに、正宗分の最後の「開顕智慧段《かいけんちえだん》」には、『阿弥陀経』の核心的な部分、すなわち第二十願の胎生《たいしょう》の問題が収められています。あれほど言葉に厳格な宗祖が、『仏説無量寿経《ぶっせつむりょうじゅきょう》』という経典を必ず『大無量寿経』と呼ぶのも、この経典の中に『観経』の核心と、『阿弥陀経』の核心とがどちらも収まっているということを表すためだと思われます。

この三輩章の上輩には、

菩提心《ぼだいしん》を発《おこ》し、一向《いっこう》に専《もっぱ》ら無量寿仏《むりょうじゅぶつ》を念じ、（『聖典』四四頁）

中輩には、

当《まさ》に無上菩提の心《しん》を発し一向に専ら無量寿仏を念じ、（『聖典』四五頁）

下輩には、

当に無上菩提の心を発して一向に意《こころ》を専らにして、乃至《ないし》十念、無量寿仏を念じ、（『聖典』四六頁）

とあることから、法然は「無量寿仏を念じ」に着目して、一貫して称名念仏と読みます。しかし、明恵は「菩提心を発し」のほうに着目して、「お前たちの所依の『大経』でも、一切衆生が菩提心を発すことから仏道が始まると説いているではないか」と、法然の「菩提心撥無」を批判するのです。しかも法然が、下輩章の「乃至一念」を

『観経』の下品下生に順じて称名念仏と読むことに対して、猛烈に反発したことはすでに述べた通りです。

明恵が言うように、ここには上品上生から下品下生までの一切衆生の自力の往生が説かれますが、宗祖は明恵の言い分を全て受け止め、その上で『教行信証』「化身土巻」に第十九願文を標挙にします。[*60] そして、「修諸功徳の願」・「臨終現前《りんじゅうげんぜん》の願」・「現《げん》前導生《ぜんどうしょう》の願」・「来迎引接《らいこういんじょう》の願」・「至心発願《ししんほつがん》の願」と願名を挙げ、[*61]

この願成就の文《もん》は、すなわち三輩の文これなり。『観経』の定散《じょうさん》九品《くほん》の文これなり。

（『聖典』三二七頁）

と、三輩章を第十九願の成就文と読むのです。

先に挙げた願名のうち、最初の「修諸功徳の願」と最後の「至心発願の願」は、明恵が主張する自力を表す願名です。それに挟まれる三つの願名は、浄土教が伝統してきた願名です。ですから、宗祖はこの第十九願を明恵が言う通り、自力を表す本願と読んでいることがわかります。

このように『大経』下巻の最初は、第十一願の成就文・第十七願の成就文・第十八願の成就文が説かれ、その第十八願成就文と背中合わせに第十九願成就文が説かれます。第十九願成就文は自力を表していますから、ここは「雑行を棄てて本願に帰す」[*62]という回心、自力から他力への翻り、すなわち「一心帰命」が説かれていることになります。

このような『大経』下巻の展開を踏まえて、天親の『浄土論』は信心を表明しています。これまで読んできた本願成就文の通りに、

世尊《せそん》、我《われ》一心に、尽十方無碍光如来《じんじっぽうむげこうにょらい》に帰命《きみょう》して、安楽国に生まれんと願ず。

（『聖典』一三五頁）

と表明します。「一心帰命」の回心においては、「尽十方無碍光如来」がその対象ですから、如来の大涅槃の覚りと直結します。要するに「一心帰命」では、大涅槃の覚りに包まれたという超世の感動を得るのです。それに対して、「願生安楽国《がんしょうあんらくこく》」という「一心願生」のほうは、その対象が浄土ですから、願生の歩みの中で宿業《しゅくごう》の身が浄土

によって照らし出され、かえって自力の執心の深さを教えられることになります。その「願生安楽国」の問題は、下巻の「三毒五悪段《さんどくごあくだん》」以降に説かれますから、後に譲ります。このように、天親がご自身の信心を「一心帰命」と「願生安楽国」の二つに分けるのは、『大経』の説き方に則って信心を表明していることがわかると思います。

＊53　『教行信証』「信巻」・『聖典』二四〇頁。
＊54　『歎異抄』後序・『聖典』六三九頁。
＊55　「教行信証「信の巻」聴記」・『曽我量深選集』八・二七五頁取意。
＊56　『聖典』二三二～二三三頁。
＊57　『浄全』一・一九頁。
＊58　『大経』・『聖典』五〇頁。
＊59　『十住毘婆沙論』「易行品」・『聖典』一六五頁。
＊60　『聖典』三三五頁。
＊61　『聖典』三二六～三二七頁。
＊62　『教行信証』後序・『聖典』三九九頁。

第四節　三不三信の誨

ここまで、『大経』下巻の冒頭に説かれる、第十一・第十七・第十八・第十九願の成就文について考えてきました。そして、第十八願成就文と第十九願成就文は背中合わせに説かれ、ここに回心、つまり「一心帰命」が明らかにされていることを確認しました。ここでは、道綽の「三不三信《さんぷさんしん》の誨《おしえ》」*63を通して、『大経』と『観経』の関係について考えたいと思います。

道綽の「三不三信の誨」は、『安楽集《あんらくしゅう》』の第二大門の中にありますので、そこを見てみましょう。

問うて曰《い》わく、もし人ただ弥陀の名号を称念《しょうねん》すれば、よく十方の衆生の無明の黒闇を除きて、往生を得《う》といわば、しかるに衆生ありて名を称し憶念《おくねん》すれども無明なおありて所願を満てざるは何の意ぞ。答えて曰わく、如実修行せざる、名義《みょうぎ》と相応せざるに由《よ》るがゆえなり。所以《ゆえ》はいかん。謂《い》わく、如来はこれ実相身《じっそうしん》、これ為物身《いもつしん》なりと知らざればなり。また三種の不相応あり、一つには信心淳《あつ》からず、存《そん》せるがごとし亡《もう》ぜるがごときのゆえに。二つには信心一ならず、謂わく、決定《けつじょう》なきがゆえに。三つには信心相続せず、謂わく、余念間《よねんへだ》つるがゆえに。迭相に収摂す。（『真聖全』一・四〇五頁）

この文のもとになった、『論註』の讃嘆門釈《さんだんもんしゃく》もあわせて見てみましょう。

「如彼名義欲如実修行相応《にょひみょうぎよくにょじつしゅぎょうそうおう》」とは、かの無碍光如来《むげこうにょらい》の名号よく衆生の一切の無明を破す、よく衆生の一切の志願を満てたまう。しかるに称名憶念《しょうみょうおくねん》あれども、無明なお存《そん》して所願を満てざるはいかんとならば、実のごとく修行せざると、名義《みょうぎ》と相応せざるに由《よ》るがゆえなり。いかんが不如実修行《ふにょじつしゅぎょう》と名義不相応《みょうぎふそうおう》とする。いわく如来はこれ実相の身《しん》なり、これ物の為《ため》の身《しん》なりと知らざるなり。また三種の不相応あり。一つには信心淳《あつ》からず、存《そん》せるがごとし、亡《もう》ぜるがごときのゆえに。二つには信心一ならず、決定《けつじょう》なきがゆえに。三つには信心相続せず、余念《よねん》間《へだ》つるがゆえに。この三句展転《てんでん》して相成《あいじょう》ず。信心淳からざるをもってのゆえに決定なし、決定なきがゆえに念相続せず、また念相続せざるがゆえに決定の信を得ず、決定の信を得ざるがゆえに心淳からざるべし。これと相違《そうい》せるを「如実修行相応《にょじつしゅぎょうそうおう》」と名づく。このゆえに論主建《ろんじゅはじ》めに「我一心《がいっしん》」と言《のたま》えり、と。

（『聖典』二一三～二一四頁）

『安楽集』の文の最初のほうは、弥陀の名号を称念すれば、その智慧によって無明が破られ往生を得ると言われます。これを受けて、称名念仏しても無明が破れないのはなぜかと問うて、如来は実相身・為物身であると知らないからだと答えます。そしてその後に、「三種の不相応」として「不淳《ふじゅん》・不一《ふいつ》・不相続《ふそうぞく》」が説かれて、「謂わく、余念間つるがゆえに。迭相に収摂す」と言われます。この言葉は、三不信がいつまでも止まらずに、お互いに補完し合ってぐるぐる回るという意味です。ですから、ここまでは『論註』と同じことが述べられているのです。

ところが、『安楽集』はそれに続けて、

もしよく相続すれば、すなわちこれ一心なり。ただよく一心なれば、すなわちこれ淳心《じゅんしん》なり。（『真聖全』一・四〇五頁）

と説かれます。『論註』の讃嘆門釈と比べると、ここだけが違うのです。曇鸞は「不淳・不一・不相続」の三不信《さんぷしん》だけを言いますが、道綽は三不信を踏まえ、それとは反対の「淳心・一心・相続心」の三信を説いています。「三不三信の誨」といっても、ただこれだけのことなのです。そしてこの次に、

この三心を具して、もし生まれずといわばこの処《ことわ》りあることなけん。（同前）

と、道綽は重要な言葉を記して三不三信を結びます。この言葉は、「三不三信の誨」全体を受けて述べていますので、道綽はこの言葉によって全体の意味を告げようとしているのです。「この三心を具して（具此三心《ぐしさんじん》）」という言葉は、『観経』の散善《さんぜん》が説かれる最初に、次のように出てきます。

もし衆生ありて、かの国に生まれんと願ずれば、三種の心を発《おこ》してすなわち往生す。何等《なんら》をか三つとする。一つには至誠心《しじょうしん》、二つには深心《じんしん》、三つには回向発願心《えこうほつがんしん》なり。三心《さんじん》を具すれば、必ずかの国に生ず。
（『聖典』一一二頁、傍線筆者）

道綽の先の言葉は、ここに説かれる「三心を具すれば（具三心者）」に関わる言葉です。さらに、「この三心を具して」の後に「もし生まれずといわば（若不生者）」と続きますが、これは言うまでもなく『大経』の第十八願に、

たとい我、仏を得んに、十方衆生、心を至し信楽《しんぎょう》して我が国に生まれんと欲《おも》うて、乃至《ないし》十念せん。もし生まれずは、正覚《しょうがく》を取らじ。唯《ただ》五逆と正法を誹謗《ひほう》せんをば除く。
（『聖典』一八頁、傍線筆者）

と説かれる、「もし生まれずは（若不生者《にゃくふしょうじゃ》）」に関わる言葉です。つまり道綽は、「三不三信」を説いた後に、「至誠心・深心・回向発願心」という『観経』の三心《さんじん》と、「至心・信楽・欲生」という『大経』の本願の三心《さんしん》に関わる言葉を持ってきています。そ

の文は、「『観経』の三心を具して、もし浄土に生まれないならば、『大経』の第十八願、ひいては四十八願が虚しく終わってしまうであろう」という意味ですから、「三不三信」には、『観経』の三心と『大経』の三心とが具わっていることになります。「不淳・不一・不相続」は、『観経』に説かれる自力の「至誠心・深心・回向発願心」に当たるのでしょう。「淳心・一心・相続心」のほうは、『大経』に説かれる如来の「至心・信楽・欲生」の三心に当たるのでしょう。

前節で確かめたように、『観経』は自力無効を知らせ、『大経』の如来の本願に眼を開かせようとする教えです。自力無効が機の深信、阿弥陀の本願が法の深信で示されています。本願の救いを決定するのが二種深信ですから、『観経』においては、この三心の教えが一番重要になるのです。要するに『観経』で一番大切な教えは、「至誠心・深心・回向発願心」の三心なのです。

ですから、道綽が「具此三心」という『観経』の言葉と、「若不生者」という『大経』の言葉を使う意図は、『観経』の三心と『大経』の三心を指示するためです。『大経』の三心は、「至心・信楽・欲生」と三つ誓われています。ですから、曇鸞が「不淳・不一・不相続」という自力無効に目覚めたのは、実は本願の三心に照らされてのことであると、道綽が見破ったのです。しかもその全体は、「世尊我一心」という「一心」（信心）の中の出来事ですから、「不淳・不一・不相続」の三不信と、「淳心・一心・相続心」の三信とが、一心の中に同時に収められています。この「三不三信の誨」は、親鸞に大きな影響を与えることになっていきます。ここで、今までのことをわかりやすいように図で示しておきましょう。

我一心

不淳・不一・不相続の**三不信**↓『観経』「具三心者」
…至誠心・深心・回向発願心

淳心・一心・相続心の**三信**　↓『大経』「若不生者」…至心・信楽・欲生

『観経』の自力の三心から『大経』の本願の三心に転じることによって、一切衆生の往生が決定します。ですから『観経』は、「至誠心・深心・回向発願心」を尽くさせて自力無効を教える経典です。この自力無効こそが、本願に目覚めるために必ずくぐらなければならない必要な門ですから、『観経』に説かれる教えを「要門《ようもん》」と言います。『観経』の要門と『大経』の弘願《ぐがん》、この二つの経典に『阿弥陀経』の第二十・植諸徳本の願の課題を加えると、宗祖が『教行信証』「化身土巻」で展開している「三経一異の問答」になります。「三経一異の問答」で説かれる内容は、『大経』の弘願、『観経』の要門、『阿弥陀経』の真門《しんもん》です。この三つの経典は、表向きにはそれぞれに役目がありますから、「顕《けん》の義」においては異なります。しかし、三部経は共に『大経』の弘願に導くために説かれたものですから、「隠彰《おんしょう》の義」においては一つであると説くのが、この問答の趣旨です。『阿弥陀経』の真門の問題については本書の最後に詳説しますが、宗祖の「三経一異の問答」が、道綽の「三不三信の誨」から展開していることは容易に想像できるでしょう。

もう一つの大切なことは、「信巻」の「三心一心問答」です。「我一心」という信心には、自力無効を表す三不信の目覚めと、『大経』の三心とがどちらも具わっています。つまり、自力無効をくぐって、法蔵菩薩の願心を生きる者へと転じるのです。衆生の信心と本願の三心との関係を問うのが、『教行信証』で最も大切な「三心一心問答」です。

ここでは、衆生の一心は如来の三心と同質だから、その信心に如来の大涅槃の覚りが開かれることを証明しています。つまり、他力の信心に「誓願一仏乗」[*64]という大乗の覚りが実現するという、常識では考えられないようなことが尋ね当てられるのです。衆生の信心と大涅槃の覚りとは、全く位が違います。にもかかわらず、誓願不思議の本願の道理によって、信心の因に果の覚りが実現すると証明するのです。宗祖は、法然の浄土教が大乗の至極であることを証明するために『教行信証』を書きますから、その際の核心になるのが「三心一心問答」なのです。

このように、「三不三信の誨」は、曇鸞から道綽、そして親鸞へと受け継がれていきました。親鸞の『教行信証』の一番の核心は、『大経』の讃歌である「正信偈」と、「信巻」の「三心一心問答」と、「化身土巻」の「三経一異の問答」です。「信巻」は真諦を表し、「化身土巻」は俗諦を表しているから別だと考えがちですが、真の仏弟子は、真諦の「信巻」（真実）と俗諦の「化身土巻」（娑婆）の両方に足を付けて、難思議往生の仏道を歩むことになります。その意味で、「信巻」と「化身土巻」とは遠く離れているように見えても、紙の裏表の関係にあるのです。

大乗の論書は、歌と問答が特に大切ですから、「正信偈」と「三心一心問答」と「三経一異の問答」、これが『教行信証』の核心になります。第十八願に説かれる願心が、「至心・信楽・欲生」の次第を取って説かれるのは、自力を生きる凡夫を他力に目覚めさせようとするためです。至心によって自力無効を知らせ、如来の本願力が信楽にまでなり、欲生の回向心によって衆生の仏道を全うさせるのです。その弥陀の手立てに、如来の大悲を感得するのですから、「三心一心問答」は弥陀の大悲の推究です。

それに対して「三経一異の問答」は、この娑婆における釈尊の大悲の推究です。『観経』は、自力を生きる他はない凡夫に、自力を尽くさせて自力無効を教え、『大経』の弘願に生きる者へと転じます。本願を生きる者へ転じられても、身は凡夫ですから深い自己執着の煩悩は消えません。したがって、『阿弥陀経』を説いてその愚痴の身に徹底させて、果遂の誓いによってそれを丸ごと救い取ることを教えるのです。そこに『大経』・『観経』・『阿弥陀経』を説いた釈尊の大悲が輝いているのです。

「正信偈」から展開したこの二つの問答を一つにすれば、釈迦・弥陀二尊の大悲を詠った「恩徳讃《おんどくさん》」に帰着します。ですから、『教行信証』の全体は、どこを読んでも釈迦・弥陀二尊の讃嘆で溢れているのです。『教行信証』を読む時には、今申し上げたようなことが核心であることをよくわかって読んでほしいと思います。

ここまで、『教行信証』の「三心一心問答」と「三経一異の問答」が、道綽の「三不三信の誨」からの展開であることを尋ねてきました。これを少し補強してみましょう。例えば、『教行信証』のダイジェスト版と言われる『浄土文類聚鈔《じょうどもんるいじゅしょう》』を見てください。『定本親鸞聖人全集』の底本となっている光延《こうえん》寺《じ》本《ぼん》の表紙裏に、次のような書き付けがあります。

三不三信の誨慇懃《おんごん》
三不《さんぷ》とは雑《ぞう》の義なり。三心とは専修《せんじゅ》なり。
□不心実　不淳　不決定なり。

（『定親全』二・漢文篇・一三〇頁）

この文がなぜ記されているのか、はっきりとはわかりません。ここに見られる「三不とは雑の義なり。三心とは専修なり」という記述は、おそらく法然門下の時に、善導と道綽の師資相承を巡《めぐ》って、法然に教えられた言葉であると推測します。例えば法然は、

綽禅師《しゃくぜんじ》、三信三不、またこれ専雑《せんぞう》二修の義なり。（『無量寿経釈』・『昭法全』八六頁）

と、三不信は雑行《ぞうぎょう》で、三心は専修《せんじゅ》であると言います。この師の教えを、ここに書き付けたのではないかと思われます。

さて、『浄土文類聚鈔』[*65]を見ると、本願力回向によって衆生に恵まれる教・行・信・証が記されて、その後に『教行信証』「行巻」と同じように、偈前《げぜん》の文《もん》が述べられて「念仏正信偈」が詠われます。[*66]『教行信証』は「正信念仏偈」の前は「伝承の巻」、その後は「己証《こしょう》の巻」と分けられますから、[*67]この『文類聚鈔』も「念仏正信偈」から後は、親鸞の己証が記されていると考えられます。ところが、「念仏正信偈」の後に、何の説明もなく、

問う。念仏往生の願、すでに「三心《さんしん》」を発《おこ》したまえり、論主《ろんじゅ》、何をもってのゆえに「一心」と言《のたま》うや。（『聖典』四一四頁）

と、いきなり「三心一心問答」が始まるのです。そこに『教行信証』と同じように、

天親の一心と、本願の三心とは異相であっても同質であることが明らかにされます。そして、この問答の最後が次のように結ばれます。

この心すなわちこれ畢竟平等心《ひっきょうびょうどうしん》なり、この心すなわちこれ大悲心なり、この心作仏《さぶつ》す、この心これ仏なり。これを「如実修行相応《にょじつしゅぎょうそうおう》」と名づくるなり。知るべし。「三心《さんしん》すなわち一心」の義、答え竟《おわ》りぬ、と。　（『聖典』四一九頁）

他力の一心こそ如来の大悲心だから、『観経』では「この心、作仏す。この心これ仏なり」[＊68]と説かれますが、天親はそれを「如実修行相応」と説いたと述べて、「三心一心問答」が終わっていきます。

その後に、また何の説明もなく、

また問う。『大経』の三心《さんしん》と『観経』の三心《さんじん》と、一異云何《いかん》ぞ、と。答う。両経の三心すなわちこれ一つなり。何をもってか知ることを得《う》る。（同前）

と、いきなり問いが起こされて、三経の一異が論じられていくのです。そして、

三経《さんぎょう》の大綱《たいこう》、隠顕《おんけん》ありといえども、一心を能入とす。かるがゆえに、経の始めに「如是《にょぜ》」と称す。論主建《ろんじゅはじ》めに「一心」と言《い》えり。すなわちこれ如是の義を彰《あらわ》すなり。

（『聖典』四一〇頁）

と、他力の一心こそ如来そのものであると述べて、「三経一異の問答」が終わります。このように、宗祖の己証と考えられる箇所は、「念仏正信偈」の後の「三心一心問答」と「三経一異の問答」で丸々埋められていて、他のことは一切書かれていません。ですから、『教行信証』を読む時も、己証の核心はこの二つの問答であることをよく承知すべきです。おそらく『浄土文類聚鈔』の表紙裏の「三不三信の誨慇懃」という書き付けは、親鸞の己証が道綽の「三不三信の誨」によって開かれていることを示唆しているのではないかと思われます。

＊63　「正信偈」・『聖典』二〇六頁。

＊64　『教行信証』「行巻」・『聖典』一九七頁。
＊65　『聖典』四〇二～四〇八頁。
＊66　『聖典』四〇九～四一四頁。
＊67　「教行信証「信の巻」聴記」・『曽我量深選集』八・一三～一四頁参照。
＊68　『聖典』一〇三頁。

第五節　親鸞の仏道の方法論

さて、『大経』の下巻に戻りましょう。ここまでに説かれていた成就文は、第十一・必至滅度の願成就文と第十七・諸仏称名の願成就文と第十八・至心信楽の願成就文と第十九・至心発願（修諸功徳）の願成就文でした。この成就文に立って宗祖は、因願に帰り、それを『教行信証』の各巻の標挙として掲げるのです。

第十一・必至滅度の願は「証巻」の標挙です。[*69] 第十七・諸仏称名の願は「行巻」の標挙です。[*70] 第十八・至心信楽の願は「信巻」の標挙です。[*71] そして、第十九・至心発願の願は「化身土巻」の標挙として掲げます。[*72] このように宗祖は、本願文を、成就文のほうからしか読まないのです。四十八の因願の意味は、我われ衆生にはわかりません。それを本当にわかっているのは、説いた釈尊お一人でしょう。「菩薩」と呼ばれる天親でも、四十八願ある中で二十九種荘厳しか挙げていないのです。まして、凡夫の私たちが因願文を読んでわかるでしょうか。「摂法身《しょうほっしん》の願」・「摂浄土《しょうじょうど》の願」・「摂《しょう》衆生《しゅじょう》の願」*73などと分類して先学から伝えられてはいますが、そういう方法は教義学として、宗祖は一切排除します。そこに、宗祖の実践の仏道の面目が輝いているのです。

くどいようですが、因願の意味は凡夫にはわかりませんから、宗祖は成就文からしか読みません。成就文はよく読めば、法然と出遇った時の感動がこの身に残っているわけですから、凡夫でも成就文の意味はわかります。ですから、下巻の成就文に立って上巻の因願を選ぶのです。この成就文に立って因願を読むという方法が、宗祖の『大経』を読む方法論です。体験から言えば、法然との出遇いによっていただいた仏道の意味を、本願成就文に教えられ、そこから因願に帰るのですから、分別的な教義学を排除した、実に実践的な方法論です。

先ほど言ったように、第十一願は「証巻」の標挙、第十七願は「行巻」の標挙、第十八願は「信巻」の標挙、そして「教巻」は釈尊と阿難との出遇いですから『大経』です。ですから教・行・信・証の標挙は、今申し上げた成就文のほうから宗祖が選んだことがよくわかるでしょう。

その他に第十二・光明無量の願、第十三・寿命無量の願の成就文は、『大経』の上巻にあります。[*74] 上巻は「如来浄土の因果」が説かれるのですから、法のはたらきを説いています。本願の名号に託されている法のはたらきと言ってもいいでしょう。その意味でこの二つの願は、下巻の衆生に成就する願とは一線を画しています。ですから宗祖はこの二つの願を、法それ自体を表わす「真仏土巻《しんぶつどのまき》」の標挙にします。[*75] さらに後に言及しますが、第二十二・還相回向《げんそうえこう》の願の成就文が、「東方偈《とうぼうげ》」のすぐ後に説かれます。[*76]『大経』正宗分の最後の「開顕智慧段」には、第二十・至心回向（植諸徳本）の願成就文が掲げられています。[*77]

第二十二・還相回向の願は標挙ではありませんが、「証巻」の往相回向の記述が終わった後に願名が挙げられて、[*78] その内容を表す『論註』の引文によって還相回向の記述がなされます。また三輩章の第十九・至心発願の願成就文と「開顕智慧段」の第二十・至心回向の願成就文とはどちらも自力を表すものですから、宗祖はそれらの因願を「化身土巻」の標挙にします。[*79]

このように、宗祖が『教行信証』で選んだ真仮八願は、全て『大経』に成就文が説かれています。凡夫に大乗の仏道を実現するためには、どうしてもこの真仮八願の成就文がなければならないからです。その凡夫を仏にする成就文のほうから因願を選んで、『教行信証』各巻の標挙にしたのです。ですから、真仮八願を選んだのは決して宗祖の恣意によるものではなく、釈尊の『大経』の説法の通りなのです。そこに、群萌の仏道としての『教行信証』が輝きを放っています。『大経』と相即しているのですから、『教行信証』は『大経』の「論」ですし、宗祖の恣意を超えた公の書物です。法滅《ほうめつ》になって全ての大乗経典が跡形もなく消え去っても『大経』だけは残ると釈尊が宣言しているように、宗祖のこのような方法による『教行信証』もまた、個人性を超えた永遠の論書であると思われます。[*80]

＊69　『聖典』二七九頁。
＊70　『聖典』一五六頁。
＊71　『聖典』二一〇頁。
＊72　『聖典』三二五頁。
＊73　慧遠『無量寿経義疏』・『大正蔵』三七・一〇三頁中段。
＊74　『聖典』三〇～三一頁。

＊75　『聖典』二九九頁。
＊76　『聖典』五一頁。
＊77　『聖典』八一～八三頁。
＊78　『聖典』二八四頁。
＊79　『聖典』三二五頁。
＊80　『聖典』八七頁。

第六節　『大経』の論

さて、釈尊が説かれたものを「経《きょう》」と言います。その経典を身にいただいて、経の覚りを直接表現した書を「論《ろん》」と言います。経と論の註釈書を「釈《しゃく》」と言います。浄土教の伝統で言えば、論はインドの龍樹・天親が書いたものですし、釈は曇鸞以降の中国と日本の祖師が書いたものです。その順番で見れば『教行信証』は、末世の仏弟子の釈と言うべきでしょう。ところが『教行信証』は、どう見ても『大経』の註釈書ではありません。全体が因の本願で成り立っていて、『大経』の覚りである大涅槃の果に相応していますから、『大経』の覚りを著わす論と考えられるのです。

『大経』は対告衆が二つありました。一つは阿難を中心とする凡夫のグループ、もう一つは大乗の菩薩たちのグループです。『大経』の論を、菩薩のグループの代表として書いたのが龍樹の『十住毘婆沙論』と天親の『浄土論』です。それに対して、初めて凡夫の代表として書いた論が、親鸞の『教行信証』です。

『教行信証』は、経・論・釈の文類ですが、それらを引用するに当たって、親鸞はルールを設けています。次に示すように、経典の引用には「言」、論には「曰」、釈には「云」を使います。

『大経』に言《のたま》わく、（『教行信証』「行巻」・『聖典』一五七頁）

『十住毘婆沙論』に曰《い》わく、（同前・『聖典』一六二頁）

『安楽集』に云《い》わく、（同前・『聖典』一七一頁）

ただし、一つだけ例外があります。曇鸞の『論註』は、天親の『浄土論』の註釈書ですから、本来は「云わく」を使うべきですが、

『論の註』に曰わく、（同前・『聖典』一六七頁）

『註論』に曰わく、（『教行信証』「真仏土巻」・『聖典』三一四頁）

とあるように、論扱いにして「曰」を使います。

『論註』は、『浄土論』の一字一句の註釈という形を取りながら、仏道観を菩薩の論書から凡夫の論書に転換しています。目を見張るような仕事ですが、末世の仏弟子として『大経』の論を書こうと志した親鸞にとって、『論註』が凡夫の論の先駆けという意味を持ちました。その意味で、宗祖は徹底して『論註』を『教行信証』の手本にしたのです。註であっても凡夫の論です。ですから、「『註論』に曰わく」と論扱いにするのです。

『教行信証』には、親鸞の名乗りが五回記されます。

・愚禿釈の親鸞

ここに愚禿釈《ぐとくしゃく》の親鸞、慶《よろこ》ばしいかな、西蕃《せいばん》・月支《がっし》の聖典《しょうでん》、東夏《とうか》・日域《じちいき》の師釈《ししゃく》、遇《あ》いがたくして今遇うことを得たり。聞きがたくしてすでに聞くことを得たり。

（『教行信証』総序・『聖典』一五〇頁、傍線筆者）

ここに愚禿釈《ぐとくしゃく》の親鸞、諸仏如来の真説に信順して、論家《ろんげ》・釈家《しゃっけ》の宗義を披閲《ひえつ》す。広く三経《さんぎょう》の光沢《こうたく》を蒙《かぶ》りて、特《こと》に一心の華文《かもん》を開く。しばらく疑問を至してついに明証《みょうしょう》を出《い》だす。

（『教行信証』別序・『聖典』二一〇頁、傍線筆者）

・愚禿釈の鸞

ここをもって、愚禿釈《ぐとくしゃく》の鸞《らん》、論主の解義《げぎ》を仰ぎ、宗師《しゅうし》の勧化《かんけ》に依って、久しく万行・諸善の仮門《けもん》を出《い》でて、永く双樹林下《そうじゅりんげ》の往生を離《はな》る、善本《ぜんぽん》・徳本《とくほん》の真門に回《え》入《にゅう》して、ひとえに難思往生《なんしおうじょう》の心を発《おこ》しき。しかるにいま特《まこと》に方便の真門を出《い》でて、選択《せんじゃく》の願海に転入せり、速やかに難思往生の心を離れて、難思議往生《なんしぎおうじょう》を遂げんと欲《おも》う。果遂《かすい》の誓い、良《まこと》に由《ゆえ》あるかな。

（『教行信証』「化身土巻」・『聖典』三五六頁、傍線筆者）

しかるに愚禿釈《ぐとくしゃく》の鸞《らん》、建仁辛《けんにんかのと》の酉《とり》の暦《れき》、雑行《ぞうぎょう》を棄《す》てて本願に帰す。

（『教行信証』後序・『聖典』三九九頁、傍線筆者）

・愚禿鸞

誠《まこと》に知りぬ。悲しきかな、愚禿鸞《ぐとくらん》、愛欲の広海に沈没《ちんもつ》し、名利《みょうり》の太山《たいせん》に迷惑

して、定聚《じょうじゅ》の数に入《い》ることを喜ばず、真証の証に近づくことを快《たの》しまざること
を、恥ずべし、傷《いた》むべし、と。（『教行信証』「信巻」・『聖典』二五一頁、傍線筆者）

「愚禿釈の親鸞」・「愚禿釈の鸞」・「愚禿鸞」という名乗りです。「親」や「釈」の字は略されることがあっても、曇鸞の「鸞」だけは必ず名乗ります。ここにも、凡夫の論である『論註』を手本にしたことが示唆されています。

さて論の特徴は、偈頌です。龍樹の『十住毘婆沙論』「易行品」も弥陀章の偈頌を中心に歌で満たされていますし、天親の『浄土論』も「願生偈」が大半を占めています。人間の分別や理性を超えているのが釈尊の覚りですから、それを表すには、歌として表現する以外に方法がなかったのでしょう。

『教行信証』も『大経』の論ですから、「正信偈」が中心になります。「正信偈」は、「教巻」・「行巻」の「伝承の巻」と「信巻」以降の「已証の巻」との間に置かれています。「偈前の文」と呼ばれるところを見てみましょう。

ここをもって知恩報徳《ちおんほうとく》のために宗師《しゅうし》（曇鸞）の釈を披《ひら》きたるに言わく、

（『聖典』二〇三頁）

「これまで「教巻」・「行巻」によって『大経』の伝統を述べてきました。ここでその如来のご恩に報いるために、「正信偈」を詠いたいと思いますが、その前に知恩報徳の意味を『論註』の文によって確かめておきましょう」という意味です。

この文をよく注意して見ると、曇鸞の『論註』に「言わく」という字を使っています。これは経典を指す言葉ですから、これから引用する『論註』の文章は、『大経』として聞くべきであると言っていることになります。特に、「知恩報徳」の解説ですから、『論註』の文を借りて、『大経』の核心は「知恩報徳」にあると言っていることになります。実際にその文を見てみましょう。

それ菩薩は仏に帰す。孝子《こうし》の父母《ぶも》に帰し、忠臣《ちゅうしん》の君后《くんこう》に帰して、動静《どうじょう》己《おのれ》にあらず、出没《しゅつもつ》必ず由《ゆえ》あるがごとし。恩を知りて徳を報ず、理宜《よろ》しくまず啓《けい》すべし。また所願軽からず、もし如来、威神《いじん》を加したまわずは将《まさ》に何をもってか達せんとする。神力《じんりき》を乞加《こっか》す、このゆえに仰《あお》いで告ぐ、と。

（同前）

意味は次のようです。「菩薩は仏に帰依します。それはちょうど、孝行な子が父母に仕え、忠良な家臣が朝廷に仕えるように、立ち居振る舞いに私心がありません。菩薩の教化も、それには根拠があるのです。如来の恩を知ってその徳に報いるから、道理としてまず初めに、「世尊よ」と詠うのです。また「願生偈」の願いは、軽くありません。もし阿弥陀如来が本願力を加えてくださらなかったら、詠うことはできなかったでしょう。だからこそ本願力を乞いながら、「世尊よ」と仰いで告げるのです」。

この『論註』の文は、「願生偈」冒頭の「世尊我一心」の「世尊」の註釈です。「願生偈」がこの「世尊我一心」から始まるのは、天親が仏に帰依しているからです。その菩薩の教化として「願生偈」が詠われますが、それは天親の私意によるのではなく、釈尊の説く『大経』によった知恩報徳の歌であることが確かめられます。さらに、その意味が阿弥陀如来の本願にまで深められて、「願生偈」は天親の歌であっても、本願の歌であることが尋ねられています。だからこそ道理として最初に「世尊我一心　帰命尽十方　無碍光如来」と、釈尊と阿弥陀如来との二尊への帰依が表明されていると言うのです。

この『論註』の文に続けて、

しかれば大聖《だいしょう》の真言《しんごん》に帰し、大祖《だいそ》の解釈《げしゃく》に閲《えっ》して、仏恩《ぶっとん》の深遠《じんのん》なるを信知して、正信念仏偈《しょうしんねんぶつげ》を作りて曰《い》わく、（同前）

と、述べられて「正信偈」が始まります。この文は知恩報徳の教えを受けて、次のように言っています。「そうであるから私、親鸞は、『大経』を説いてくださった大聖釈尊の真理の一言である本願の名号に基づき、七祖の了解によって、如来のご恩がはるかに深いことを信知して「正信念仏偈」を作って、次のように曰《い》うのです」。ここも「正信念仏偈を作りて、曰わく」と、ご自分の歌であっても、龍樹・天親の論に匹敵するという意味で「曰」が使われています。「正信偈」は、龍樹の弥陀章の歌や天親の「願生偈」の菩薩の歌に匹敵する歌であると、親鸞ご自身が言っているのです。

このように『教行信証』は、末世の仏弟子として初めて書かれた『大経』の論書です。ですから凡夫としての宗祖は、龍樹菩薩や天親菩薩のようにご自身の見解を申し述べる資格がないので、全体を「文類」にしたいと言うのです。

第四章　還相の回向

第一節　「東方偈」

さて、『大経』の下巻に戻りましょう。三輩章の第十九願の成就文を表す箇所が終わると、釈尊が次のように阿難に告げます。

「無量寿仏《むりょうじゅぶつ》の威神《いじん》極まりなし。十方世界の無量無辺不可思議の諸仏如来、彼を称《しょう》歎《たん》せざることなし。東方恒沙《とうぼうごうじゃ》の仏国の無量無数のもろもろの菩薩衆《ぼさつしゅ》、みなことごとく無量寿仏の所《みもと》に往詣《おうげい》して、恭敬《くぎょう》し供養してもろもろの菩薩声聞大衆《しょうもんだいしゅう》に及ぼさん。経法《きょうぼう》を聴受《ちょうじゅ》し道化《どうけ》を宣布《せんぷ》す。南西北方・四維《しゆい》・上下、またまたかくのごとし。」その時、世尊《せそん》、頌《じゅ》を説きて曰《のたま》わく、（『聖典』四六頁）

この文は、無量寿仏の威神力に対する諸仏の称歎と、東西南北・上下四維の数限りない菩薩たちが浄土の阿弥陀如来を往詣し、恭敬し供養して、それが弘く教化にまで展開することが述べられています。

前半の諸仏如来が無量寿仏を称歎して止まないという文は、一般的な諸仏の本願は四弘誓願なのに、四十八もの本願を建てて一切衆生の救いを成し遂げるのですから、阿弥陀如来こそが諸仏の中の王であり、根源仏であることを教えています。

後半は、諸仏菩薩は優れた菩薩のみを育てるのですが、一切衆生を救うような仏がいるならぜひ遇いたいと、阿弥陀の浄土への往詣が説かれます。根源仏としての阿弥陀如来に遇ったものは、私も阿弥陀のようになりたいと、自身の本当の願いに目覚めます。そして第二十二・還相回向の願に乗じて、無仏の国にまで阿弥陀の本願の教えを説きに出て行くのです。なぜなら、教化にまで具体化しないような仏道など、何もないのと同じだからです。その意味で、阿弥陀の本願は、還相の願まで具えていますから、そこに仏道の完成があると同時に、根源仏しかなしえない優れた特質を具えているのです。

下巻最初の本願成就文の主語は「あらゆる衆生」で、衆生の獲信が説かれていましたが、ここからは主語が「もろもろの菩薩衆」に変わっています。主語が違うということは、分際が違うということです。衆生の獲信から、菩薩の教化に場面が変わるのです。

ですからここからは、善知識の意味を明確にするところだと思われます。要するに、釈迦如来を始めとして、善知識の生まれてくる根源力が阿弥陀如来の第二十二願にあることを教えています。救われていく衆生の根源力（往相）のみならず、善知識の根源力（還相）も阿弥陀の本願力に根拠していなければ、本願の仏道が貫徹しないからです。

この文を受けて、「東方偈」が始まります。上巻の「三誓偈」は法蔵菩薩の因願の歌ですが、下巻の「東方偈」は釈尊の本願成就の歌です。ここで、「東方偈」の内容について少し概説をしておきましょう。

一切衆生を救うような優れた無量寿仏がいるのなら遇ってみたいと、東西南北・上下四維の世界中の菩薩が、阿弥陀如来の浄土に往詣します。そして阿弥陀如来の覚りに見《まみ》えて、次のような願いを表明するのです。

かの厳浄《ごんじょう》の土《ど》の、微妙《みみょう》にして思議し難《がた》きを見て、
因《よ》りて無上心を発《おこ》して、我が国もまた然《しか》らんと願ず。

（『聖典』四七頁）

つまり、私も阿弥陀仏のようになりたいという無上心を発し、自分の国も阿弥陀の国のようにしたいという願いを持つのです。

私たちは、自分が本当に何を求めているのか、何になりたいのか、救われてどうなりたいのか、本当のことは何一つわかっていません。いつも目先の世間の価値観に振り回されて生きています。ところが、善知識との出遇いによって、我われの根源的な願いは仏に成ることであると、初めて知らされるのです。それと同じことが、阿弥陀如来と菩薩たちとの間で起こっているのです。

菩薩たちが本当に願っていたことは、優れた菩薩を育てることではなく、一切衆生と共に仏に成ることであり、自分の国も阿弥陀の浄土のような国にしたいと表明します。その願いを知ると、阿弥陀如来が「容《みかお》を動かして欣笑《ごんしょう》を発《おこ》し」*81、つまり、お顔を動かして微笑《ほほえ》まれるのです。すると、全ての菩薩を代表して観音菩薩が「どうして微笑まれたのですか」と質問します。それに答えて阿弥陀如来が、次のように授記をします。

当《まさ》に菩薩に記《き》を授《さず》くべし。今説かん、なんじ、諦《あきら》かに聴《き》け。

十方より来《きた》れる正士《しょうじ》、吾《われ》、ことごとくかの願いを知る。
厳浄《ごんじょう》の土を志求《しぐ》し、受決《じゅけつ》して当《まさ》に作仏《さぶつ》すべし。
（『聖典』四八頁）

つまり、「それぞれの世界に還って、その国を阿弥陀の浄土のようにしたいという願いはよくわかりました。それを努力して実現しなさい。阿弥陀如来の本願によって必ず仏に成ります」と、記を授けます。すると菩薩たちは、次のように願いを表明します。

その仏の本願の力、名《みな》を聞きて往生せんと欲《ねが》えば、
みなことごとくかの国に到《いた》りて、自《おの》ずから不退転に致《いた》る。
菩薩、至願《しがん》を興《おこ》して、己《おの》が国も異《こと》なることなからんと願ず。
（『聖典』四九頁）

阿弥陀如来の名を聞けば、どんな人も本願力によって必ず往生し不退転に致ることができます。ですから、自分の国も阿弥陀如来の浄土のようにしたいと願って、菩薩たちがそれぞれの国に還相していきます。このように「東方偈」の前半は、根源仏に

出遇った第二十二願の還相の菩薩について説かれているのです。
後半は、

もし人、善本《ぜんぽん》なければ、この経を聞くことを得ず。（同前）

から始まって、

憍慢《きょうまん》と弊《へい》と懈怠《けだい》とは、もってこの法を信じ難《がた》し。（『聖典』五〇頁）

と、第二十願の機の問題が詠われます。この第二十願の自力の執心は人間の反省を超えていますので、浄土から還相した善知識でなければ見抜けないほど深いのです。だから「東方偈」では、第二十二願と第二十願とが対になって説かれるのでしょう。

そもそも覚りは動かないものです。ところが、それを浄土から還相させるのは、機のほうの問題があるからです。それが、第二十願の深い自力の執心の問題です。回心して仏教がわかったとしても、煩悩の身は死ぬまで絶対に消えませんし、その身の一番根本には無意識の自力の執心が潜んでいます。その衆生の執心こそが、阿弥陀如来に還相回向の願を建てさせたのです。一切衆生の救済の果遂のために、阿弥陀如来が浄土から動いたのです。だから、第二十二願の歌が終わるとすぐに、第二十願の問題が出てくるのでしょう。

そこには自力の執心を見抜く阿弥陀如来の智慧が、次のように説かれます。

如来の智慧海は、深広《じんこう》にして涯底《がいてい》なし。
二乗《にじょう》の測《はか》るところにあらず。唯《ただ》仏のみ独《ひと》り明らかに了《さと》りたまえり。（同前）

この如来の「深広にして涯底なし」という智慧の深さは、衆生の第二十願の自力の執心よりも深いのです。

そして、次のように説きます。

寿命は甚《はなは》だ得難《えがた》し。仏世《ぶっせ》また値《もうあ》い難《がた》し。
人、信慧《しんね》あること難《かた》し。もし聞かば精進して求めよ。

法を聞きて能《よ》く忘れず、見て敬い得て大きに慶《よろこ》べば、
すなわち我が善《よ》き親友《しんぬ》なり。このゆえに当《まさ》に意《こころ》を発《おこ》すべし。
（『聖典』五〇～五一頁）

つまり、「もし宿縁があって本願の教えに目覚めることができたなら、命を尽くしてその本願を生き、難思議往生を遂げんと欲《おも》いなさい。執心が深く資格がなくても、釈尊のほうが「我が善き親友」と言ってくださる」と、最後が「真の仏弟子」で終わっていくことになります。ですから「真の仏弟子」は、金剛心の行人であっても、第二十願の機以外にありえません。その意味で宗祖の機の深信を表すなら、

邪見憍慢《じゃけんきょうまん》の悪衆生《あくしゅじょう》、
信楽受持《しんぎょうじゅじ》すること、はなはだもって難《かた》し。難《なん》の中の難、これに過ぎたるはなし。
（「正信偈」・『聖典』二〇五頁）

を言うべきです。この二十願の機の自覚のほうが、二種深信よりもはるかに深いので

す。

さて「東方偈」はこのように、前半は第二十二・還相回向の願について詠われ、後半は第二十・植諸徳本の願について詠われています。それは「東方偈」以降の『大経』の説法が、第二十二・還相回向の願と第二十・植諸徳本の願の問題で貫かれているからで、この歌は釈尊が象徴的にその全てを先取りして、詠ったのだと思われます。

この「東方偈」から「三毒五悪段」までは、還相の菩薩について説かれます。その後の「三毒五悪段」では、一心帰命に立った衆生の難思議往生の歩みが実に具体的に説かれます。この念仏生活の中で問題にされるのは、人間の意識にのぼらないほど深い、自力の執心です。それが第二十・植諸徳本の願として教えられますが、これは浄土から還相した阿弥陀如来の智慧でしか見抜くことはできません。ですから、正宗分の最後の「開顕智慧段」で、この第二十願の機の救いを果遂して、『大経』の群萌の仏道が完成するのです。

＊81　『聖典』四七頁。

第二節　往相回向と還相回向

『大経』下巻の最初に、第十九願（自力）から第十八願（他力）への回心が説かれていることは、すでに尋ねた通りです。衆生の主体的な求道という面から言えば回心ですが、それを実現する如来の本願力の面から言えば、ここは阿弥陀如来の往相回向が説かれているところです。『浄土文類聚鈔』によれば、第十七願の行が「往相正業《おうそうしょうごう》の願」[*82]、第十八願の信が「往相信心の願」[*83]、第十一願の証が「往相証果《しょうか》の願」[*84]と宗祖が言うように、全て往相回向の願として表されます。

　ところが次の「東方偈」からは、「かの土の菩薩衆」に主語が変わります。「東方偈」から「三毒五悪段」の前までは、浄土に往覲《おうごん》した「かの土の菩薩衆」が、浄土から還相して、阿弥陀如来の教えを弘めることが説かれています。宗祖はこの箇所から、「東方偈」のすぐ後に説かれる次の文を引用して、第二十二・還相回向の願の成就文と読みます。[*85]

かの国の菩薩は、みな当《まさ》に一生補処《いっしょうふしょ》を究竟《くきょう》すべし。その本願、衆生のためのゆえに、弘誓《ぐぜい》の功徳をもって自《みずか》ら荘厳《しょうごん》し、普《あまね》く一切衆生を度脱《どだつ》せんと欲《おも》わんをば除く。

（『聖典』五一頁）

ここは、浄土に生まれた菩薩のはたらきが説かれているところですから、講録等はたくさんの願成就文を並列的に並べていますが[*86]、宗祖はそうせずに、第二十二・還相回向の願成就文しか取り上げていません。

「東方偈」から「三毒五悪段」の前までの箇所から引用する成就文はこれ一つです。

上巻の四十八の因願で言えば、第四十一願から第四十八願までの主語が「他方国土のもろもろの菩薩衆[*87]」になっています。第二十二願は第四十一願以降の願を代表し、第二十二・還相回向の願として、前に出されて先取りしているのです。宗祖が先の文章を第二十二願の成就文と読んでその他を取り上げないのは、これを総願として、第四十一願以降の内容を包んでいると考えるべきでしょう。

さて『大経』下巻は、「衆生往生の因果」が説かれますから、講録や参考書は下巻冒頭の本願成就文を「衆生往生の因」と読み、「東方偈」以降を「衆生往生の果」と解説しています。それは、例えば慧遠《えおん》の『大経義疏《だいきょうぎしょ》』や憬興の『述文賛』等の考え方によるのですが、よく考えると、それらは全て菩薩道の視点で読んでいるのです。聖道門では、信心を発した凡夫が浄土に生まれて菩薩になり、利他行を実現することが最終目標ですから、「東方偈」以下の還相の菩薩が説かれる箇所を往生の果と読むのも当然でしょう。

しかし宗祖は、菩薩になることを目標にして、『大経』を読んだのではありません。曇鸞の『論註』を受けて、凡夫・群萌をそのまま救う経典が『大経』であるといただくのです。このように、『大経』を完全に他力の教えと読んだのは、親鸞の『教行信証』が初めてと言っていいのです。ですから、『大経』を菩薩道の眼で読むのではなく、宗祖の択法眼《たくほうがん》に従って読まなければならないと思います。

その宗祖の言葉を『浄土三経往生文類』に聞いてみましょう。

> 大経往生というは、如来選択《せんじゃく》の本願、不可思議の願海、これを他力ともうすなり。これすなわち念仏往生の願因によりて、必至滅度《ひっしめつど》の願果をうるなり。現《げん》生《しょう》に正定聚《しょうじょうじゅ》のくらいに住して、かならず真実報土《ほうど》にいたる。これは阿弥陀如

来の往相回向《おうそうえこう》の真因なるがゆえに、無上涅槃《ねはん》のさとりをひらく。これを『大経』の宗致《しゅうち》とす。このゆえに大経往生ともうす。また難思議《なんしぎ》往生ともうすなり。

（『聖典』四六八頁）

ここで宗祖は、第十八・念仏往生の願を因として、第十一・必至滅度の願を果とすると明言しています。聖道門の了解とは違って、『大経』下巻の「あらゆる衆生」を主語とするところに、「衆生往生の因果」が完結しています。『教行信証』でも、行信の因に、証の大涅槃の果が実現されるのです。その驚くべきことが、自力の修行によるのではなく、「如来選択の本願」によって貫徹されるところに他力の仏道の面目があります。凡夫が菩薩になる必要はありません。凡夫のままで、本願による信心が無上涅槃を超証するのです。それが『大経』の宗致です。

このように見てきてよくわかるでしょう。『大経』下巻の「あらゆる衆生」を主語にしているところは、凡夫をそのままで教・行・信・証の仏道に立たせる根源力、すなわち如来の往相回向を明らかにしているところです。それに対して、「東方偈」以降の「三毒五悪段」までは、菩薩道の眼で読めば「衆生往生の果」と読んでいたところですが、宗祖はそう読まずに、浄土から還相した善知識の根源的な意味を明らかにする、如来の還相回向を説いているところと読むのです。宗祖の読み方に従えば、『大経』は如来の往相回向と還相回向との二種類の回向が、分けて説かれていますから、宗祖は『教行信証』「教巻」の冒頭で、次のように宣言しています。

謹《つつし》んで浄土真宗を案ずるに、二種の回向《えこう》あり。一つには往相《おうそう》、二つには還相《げんそう》なり。往相の回向について、真実の教行信証あり。（『聖典』一五二頁）

これは曇鸞の「回向に二種の相あり」[88]という了解に導かれながら、しかし宗祖は『大経』を、凡夫が救われる絶対他力の経典と読み切って、独自の二種類の回向の了解を打ち立てたのです。

＊82　『聖典』四〇三頁。
＊83　『聖典』四〇五頁。
＊84　『聖典』四〇六頁。

＊85　『浄土文類聚鈔』・『聖典』四〇八頁。
＊86　『聖典』九八〇頁参照。
＊87　『聖典』二一三～二一四頁。
＊88　『論註』・『聖典』二一三三頁。

第三節　法然門下の修学

仏道は師との出遇いに決定されますし、そこに仏道の全てがあります。ですから、宗祖が法然の下で修学に励んだその中に、『教行信証』の基礎があると言っても過言ではありません。例えば第一章で言及したように、師資相承の法然との激論の中に、『教行信証』の課題が浮き彫りになっていました。それは、「信心為本」と「如来回向」の二つでした。法然の『選択集』では、なぜ衆生が往生するのかという理由については、十分に応えられていません。その課題に応える形で書かれた『教行信証』は、『大経』の信心によって本願の真理性を公開して、他力の信心には大涅槃の覚りが開かれることを明らかにして、立教開宗という大きな仕事を成し遂げたのです。そうであれば、「信心為本」と「如来回向」という宗祖の思想的な課題は、師の法然にいただいたものです。

それだけではありません。宗祖が『教行信証』の各巻を開いた真仮八願は、法然の講義の中に全て出てきます。ただし、第二十二・還相回向の願だけは、どこにも見当たりません。法然は『観経』によりますから、本願力回向には触れていないのです。ですから宗祖は、この還相回向の願の意味を、独学で学ばなければなりませんでした。それには、よほど苦労したと思われます。

「証巻」の還相回向を説く箇所には、

二つに還相《げんそう》の回向《えこう》と言うは、すなわちこれ利他教化地《りたきょうけじ》の益《やく》なり。すなわちこれ「必至補処《ひっしふしょ》の願」より出たり。また「一生補処の願」と名づく。また「還相回向の願」と名づくべきなり。『註論《ちゅうろん》』に顕れたり。かるがゆえに願文を出《い》ださず。

（『聖典』二八四頁）

と、願名を挙げてはいますが、その内容は全て『論註』からの引文です。ここに宗祖があえて『註論』と言うのは、『論註』を凡夫の論書として読むという意味です。ですから、還相回向は、自分が還相の菩薩になるという菩薩道のようには読まないと言っているのです。

また「証巻」の結釈には、

宗師（曇鸞）は大悲往還《おうげん》の回向《えこう》を顕示して、ねんごろに他利利他《たりりた》の深義《じんぎ》を弘宣《ぐせん》したまえり。（『聖典』二九八頁）

とありますから、還相回向を善知識の根拠と読むについて、最大の手引きになったのが「証巻」の最後の還相回向の引文と「他利利他の深義」であることがわかります。それについては後に尋ねてみましょう。

法然は、宗祖が取り上げた真仮八願の中で還相回向の願以外は、全て言及していますから、当然のことですが『大経』の本願の救いに立って、『観経』の称名念仏を表に立てたのです。法然門下の中でも、宗祖一人が、早くその隠れている意味を見抜いていたと思われます。その例を一つだけ挙げておきましょう。

例えば、法然には『三部経大意』という書物があります。この書物は、『大経』・『観経』・『阿弥陀経』の順でその核心部分が述べられていきますが、「大経釈」が終わって「観経釈」に入ると、いきなり次のように始まります。

次に『観経』には定善《じょうぜん》散善を説くと云《い》えども、念仏をもって阿難尊者に付属《ふぞく》し給《たま》う。「汝好持是語《にょこうじぜご》」と云える是《これ》なり。第九真身観《しんしんかん》に、「光明遍照十方世界《こうみょうへんじょうじっぽうせかい》、念《ねん》仏衆生摂取不捨《ぶっしゅじょうせっしゅふしゃ》」と云える文あり。済度《さいど》衆生の願は平等にして差別あることなけれども、縁なき衆生は利益《りやく》をこうむることあたわず。このゆえに弥陀善逝《ぜんぜい》平等の慈悲に催《もよお》されて、十方世界に遍《あまね》く光明を照らして、一切衆生悉《ことごと》く縁を結ばしめんがために、光明無量の願を立て給えり。第十二の願是なり。次に名号をもって因として衆生を引摂《いんじょう》せんがために念仏往生の願を立て給えり。第十八の願是なり。その名号を往生の因とし給えることを一切衆生に遍く聞かしめんがために諸仏称揚《しょうよう》の願を立て給えり。第十七の願是なり。（中略）弥陀世尊、本《もと》、深重《じんじゅう》の誓願を発《おこ》して、光明名号をもって十方を摂化《せっけ》し給うと云えり。またこの願久しくして衆生を済度せんが為に、寿命無量の願を立て給えり。第十三願是なり。

（『昭法全』三〇～三一頁、中略筆者）

このように『観経』の註釈に入ると、法然はいきなりこの第九真身観を挙げます。ここは、聖道門が泣いて喜ぶところです。観察行《かんざつぎょう》（定善）の目標は阿弥陀仏を見ることですから、『観経』の中心はこの真身観にあると見るのが聖道門の読み方です。もし浄土門なら、この真身観よりも阿弥陀如来の本願が指示されている、第七華座観《けざかん》を挙げるべきです。

ところがそうしないところに、法然の甚深の配慮があります。何せ弟子のほとんどが聖道門の学僧ですから、その全てを包まなければなりません。弟子たちは、師の法然が『観経』の講義の最初に第九真身観を挙げただけで溜飲《りゅういん》を下《お》ろし、第九真身観こそが『観経』の中心だと思ったに違いありません。

ところが法然はさすがで、「仏の身相光明」を解説するのではなく、「光明遍照十方世界、念仏衆生摂取不捨」という大切な言葉だけを掲げます。そして、それを実現するのは『大経』の第十七・諸仏称揚の願、第十八・念仏往生の願、第十二・光明無量の願、第十三・寿命無量の願であると言うのです。

この法然の講義を見てすぐに思われることは、宗祖が「化身土巻」の冒頭に、

謹《つつし》んで化身土を顕《あらわ》さば、仏は『無量寿仏観経《むりょうじゅぶつかんぎょう》』の説のごとし、真身観の仏これなり。

（『聖典』三二六頁）

と、第九真身観の仏を「方便の巻」に回すことです。この第九真身観は、自力の方便であると決定しています。

それに対して、法然が着眼した第十七願は「行巻」の標挙に挙げますし[*89]、第十八願は「信巻」の標挙に挙げます。[*90] さらに第十二・第十三願は「真仏土巻」の標挙に挙げて、[*91] 法然が掲げた本願の全てを「真実の巻」の標挙にするのです。

聖道門の眼で見れば、真身観の見仏こそが目標で、本願の教えは、凡夫のための方便です。宗祖はそれを逆に見たのですから、『大経』に立った宗祖の法然門下での学びの意味がよくわかっていただけると思います。

このように、門下全体を包まなければならない法然の配慮は、枚挙にいとまがありませんが、あえてもう一つだけ挙げておきましょう。『往生要集《おうじょうようしゅう》』の第十問答料簡《もんどうりょうけん》には、道綽と善導との師資相承が述べられますが、その後に源信《げんしん》は『菩薩処胎経《ぼさつしょたいきょう》』の懈慢界《けまんがい》について、懐感《えかん》の『群疑論《ぐんぎろん》』を挙げて講義をします。[*92]

法然の『往生要集』の講義は、『往生要集詮要《せんよう》』・『往生要集料簡《りょうけん》』・『往生要集略料簡』・『往生要集釈』の四編が残されています。最初の『詮要』は、源信の『菩薩処胎経』による懈慢界の講義を取り挙げています。[*93] ところが、その後になされた三つの講義では、懈慢界に一切触れていません。このことから、最初の講義は、浄土教に帰依する前の講義であるという見解もありますが、浄土教の要義は四本とも変わりませんので、私は第二十・植諸徳本の願に関係しているから触れなかったのだと推測しています。

この第二十願は、浄土教内部の真仮を分かつ大切な願です。言うまでもなく、第十八願には報土の往生が説かれます。しかしこの第二十願の往生は、『大経』正宗分の最後に説かれる、胎生《たいしょう》という往生です。これは、せっかく念仏に帰依して阿弥陀如来の浄土に眼を開いても、身が自力であるために報土往生が叶わずに、胎生に止まると説かれます。この胎生が、ここでは懈慢界と説かれますから、この箇所は第二十願の問題なのです。

この第二十願の問題を講義すると、法然門下の信心の真仮を問うことになりますから、内部分裂は火を見るよりも明らかです。これを熟知していた法然は、浄土教独立という目標に向かって、あえて講義をためらったのではないかと思われます。要するに、『往生要集詮要』を講義した若い頃には、まだ浄土宗独立という目標が十分に成熟していなかった。しかし、後の三本になると、その目標が定着してきたため、第二十願の機を包もうとして懈慢界に言及しなかったと推測するのです。これを見ても、法然が浄土教独立のために門下全体を包もうとする配慮がよくわかります。しかしこの法然の配慮が、後に一念多念の争いを起こすことになりますから、宗祖は『教行信証』で、第二十願の問題を徹底して明らかにしていくことになるのです。

この第二十願を巡っては、本書の最後に詳説しますが、ここではその課題について少し触れておきましょう。法然は、

阿弥陀経等は浄土門の出世の本懐《ほんがい》なり。（「十七条御法語」・『昭法全』四六八頁）

とあるように、『阿弥陀経』が釈尊の出世本懐経であると言います。しかし、大乗仏教の常識では、『大経』と『法華経』が出世本懐経ですから、それは法然の独断であると言われかねません。ですから、なぜ法然がそう主張するのかを、宗祖はどうしても明確にしなければなりませんでした。

宗祖は、『一念多念文意』に次のように述べています。

『阿弥陀経』に、「一日《いちにち》、乃至《ないし》七日《にち》、名号をとなうべし」と釈迦如来ときおきたまえる御《み》のりなり。この経は「無問自説経《むもんじせつきょう》」ともうす。この経をときたまいしに、如来にといたてまつる人もなし。これすなわち、釈尊出世の本懐をあらわさんとおぼしめすゆえに、無問自説ともうすなり。（『聖典』五四〇頁）

宗祖がここで言う「無問自説経」は、十二部経の一つを意味しているのではありません。人間のほうから問うことができない第二十願の自力の執心を、釈尊が見抜いてくださったという意味でしょう。それが、『大経』正宗分の最後に説かれるのですから、この第二十願の機が救われなければ、釈尊と阿難との出遇いは完成しません。その意味で、第二十願の問題に特化して説かれている『阿弥陀経』に、『大経』の出世本懐が懸かっているのです。ですから法然は、『阿弥陀経』が出世本懐経であると言うのです。

そういう課題が、「三経一異の問答」や「三願転入」の思索には包まれています。宗祖は、『大経』を第十八願に、『観経』を第十九願に、『阿弥陀経』を第二十願に配当します。ですから、『阿弥陀経』が出世本懐経であるという問題も、究極的には

「三願転入」で第二十願と第十八願との関係を明確にすることに極まっていきます。このように、一念多念の問題にしろ、『阿弥陀経』の問題にしろ、宗祖が第二十願の意味を明確にしなければならなかった課題も、師の法然にいただいたことになります。

さて、本節の最初に言ったように、第九真身観で法然は、第十七願・第十八願・第十二願・第十三願を掲げますが、その文の後に、第十九願が出てきます。さらに他の講義にも本願文を挙げていて、宗祖が『教行信証』の標挙にする真仮八願の全てが出てきます。ただ第二十二・還相回向の願だけは、どこにも見ることができません。『観経』には、本願力回向の思想が説かれませんから、法然はその願には触れなかったのだと考えられますが、理由はそれだけではないと思われます。当時の『大経』の解説書は、聖道門から見たものしかありません。それらは、全て自分が還相の菩薩になると読みます。その聖道門の考え方が身に染み込んでいたのが法然門下の弟子たちですから、その中で、法然が還相回向に言及すれば、やはり菩薩になることが目標だと、大いに誤解を招く恐れがあったからでしょう。いずれにしても、法然の講義にはどこにも見られませんから、宗祖は従来言われてきたように、自分が還相の菩薩になると読むのか、それとも還相の菩薩を善知識の根拠と読むのかに苦労されたと思われます。

さらに注意すべきは、『選択集』だけを読んで、法然は第十八・念仏往生の願一つを選んだとよく言われますが、それは浄土教独立のための廃立という方法によるからです。法然の思想全体から見ると、宗祖と同じように『大経』の本願文を複数挙げていますので、実におおらかで具体的な『大経』の救いに立って、表には『観経』の称名念仏一つを立てたのです。その意味で『選択集』は、浄土教独立という明確な課題の下で書かれた、実に先鋭的な書物であって、それだけで法然の全てとすることはできません。

＊89　『聖典』一五六頁。
＊90　『聖典』二一〇頁。
＊91　『聖典』二九九頁。
＊92　『真聖全』一・八九八頁。
＊93　『昭法全』七〜八頁。

第四節　還相回向の決定

1　師教の恩致

『御伝鈔』には、越後流罪《るざい》の時の宗祖の意気込みが次のように記されています。

大師《だいし》聖人《しょうにん》　源空　もし流刑《るけい》に処せられたまわずは、われまた配所に赴《おもむ》かんや、もしわれ配所におもむかずは、何によりてか辺鄙《へんぴ》の群類《ぐんるい》を化《け》せん、これ猶《なお》師教の恩致《おんち》なり。

（『聖典』七二五頁）

流罪の地を教化の場所にしたいという願いが、ひしひしと伝わってきます。さらに、そこでの教化は「師教の恩致」と、流罪さえも師教への謝念として受け止めています。

ところが、足掛け五年にわたる田舎の人々との生き合いの中で、教化がどれほど難しいか。思想とはほど遠い生活苦に追われている人々の中で、最初の意気込みのようにうまくいかなかったのではないでしょうか。実際には、教化は悪戦苦闘と敗北の歴史ですから、いくら教化しても暖簾《のれん》に腕押しです。その中で、自分が菩薩になるのではなく、むしろ田舎の人たちと「いし・かわら・つぶてのごとくなるわれら」*94として、如来の本願に救われなければならない者になっていったのではないでしょうか。

『教行信証』「証巻」の結釈には、次のように記されています。


しかれば大聖《だいしょう》の真言《しんごん》、誠に知りぬ。大涅槃《だいねはん》を証することは、願力の回向《えこう》に藉《よ》りてなり。還相《げんそう》の利益は、利他の正意を顕《あらわ》すなり。ここをもって論主《ろんじゅ》（天親）は広大無碍の一心を宣布《せんぷ》して、あまねく雑染堪忍《ぞうぜんかんにん》の群萠《ぐんもう》を開化《かいけ》す。宗師（曇鸞）は大悲往還《おうげん》の回向を顕示して、ねんごろに他利利他《たりりた》の深義《じんぎ》を弘宣《ぐせん》したまえり。仰ぎて奉持《ぶじ》すべし、特に頂戴《こと》すべしと。

（『聖典』二九八頁）

大切な文章ですから、その意味を取っておきましょう。「『教巻』から『証巻』まで述べてきたことでよくわかったでしょう。大聖釈尊の説く南無阿弥陀仏こそが、真理の一言です。なぜなら念仏こそが、願力の回向によって大涅槃を実現するからです。還相の利益は、正確には仏の利他行ですから、釈尊が還相の姿をとって『大経』を説いたことが、利他の正しい意味です。なぜなら、阿弥陀如来だけが本願力回向によって、一切衆生に大涅槃を実現するからです。この理由によって天親は、止観行によるのではなく、他力の信心を明らかにして、煩悩にまみれ修行に耐えられない群萌を教え導いてくださいました。曇鸞は如来の回向を、往相の回向・還相の回向とあらわして、懇切丁寧に「他利利他の深義」を説いてくださいました。だから『大経』と『浄土論』と『論註』を、心から仰ぐ者になって、全身全霊でいただくべきです」。

この文章の曇鸞のところには、「他利利他の深義」に対する大きな謝念が捧げられています。その理由は、如来の往還の回向を正しく受け止めるために、宗祖にとって「他利利他の深義」が特に大切だったからでしょう。この「他利利他の深義」が身に染みたというのは、宗祖にとっていつの出来事だったのでしょうか。『教行信証』は二種回向から始まりますから、その執筆時期とも絡んで、私にとっては、長い間の問いでした。ところが『恵信尼消息《えしんにしょうそく》』を拝読していて、大きなヒントをいただいたのです。

2 『恵信尼消息』について

しばらく『恵信尼消息』に目を移してみましょう。『恵信尼消息』は、全部で十通収録されていますが、その中で宗祖の行実《ぎょうじつ》について書いたものは、第三通と第五通に限られています。当然ですが、宗祖と共に生活した者として、娘の覚信尼《かくしんに》にどうしても伝えておかなければならない行実だけを、ピンポイントで記しています。

その行実は、三つに絞られます。一つ目は、六角堂の夢告《むこく》を決定的な縁として、法然と出遇ったこと。*95 二つ目は、恵信尼が、親鸞を観音菩薩と仰いでいた根拠となる、常陸《ひたち》のさかいの郷での夢について。*96 三つ目は、寛喜三（一二三一）年、親鸞が五十九歳の時に風邪を引き『大経』が一字一句夢の中に出てきたという消息の中に、佐貫《さぬき》で四十二歳の時に衆生利益のために三部経を千部読誦《どくじゅ》し、途中でやめたことです。*97

これらの出来事は、第三通の消息から推測できるように、娘の覚信尼が親鸞の臨終に立ち会い「父の親鸞は本当に往生したのでしょうか」という問いに対して、恵信尼が答えたものであると推測されます。ここには、「あなたがこれから親鸞の墓所を守っていく立場ではありませんか。関東からもたくさんの門弟が参拝に来るはずです。その時、父の親鸞について尋ねられたら、どう答えるつもりですか。そのあなたが、往生したのでしょうかなどと言っていては、その役は務まらないでしょう」という恵信尼の悲痛な叫びが、言外に流れていることを、私は強く感じます。そうであればこの三つの行実は、『大経』の仏道を生涯生き切った宗祖を、正確に表現していると思われます。

『大経』は釈尊と阿難との出遇いから始まりますが、それを親鸞の行実で言えば、一つ目の法然との出遇いです。覚信尼の問いに対して、

何よりも、殿の御往生、中々、はじめて申すにおよばず候う。（『聖典』六一六頁）

という言葉から、法然との出遇いが伝えられますから、宗祖の往生は臨終ではなく、その時に決定していたのだと言うのです。

ところがそれは、世を超えたものとの出遇いですから、徹底した自力無効の目覚めを伴います。それを『歎異抄』では、

いずれの行もおよびがたき身なれば、とても地獄は一定《いちじょう》すみかぞかし。

（『聖典』六二七頁）

と言い、『恵信尼消息』では、

上人《しょうにん》のわたらせ給わんところには、人はいかにも申せ、たとい悪道にわたらせ給うべしと申すとも、世々生々《せせしょうじょう》にも迷いければこそありけめ、

（『聖典』六一七頁）

と伝えられています。

この二つは、どちらも弟子の唯円と妻の恵信尼の聞き書きです。このことから、宗祖が周りの人に法然との出遇いを語る時には、必ず凡夫の目覚めを伝えていたと思われます。法然が「愚痴の法然房」[*98]と名乗り、親鸞が「愚禿」と名乗ったように、凡夫

の目覚めとして超世の感動を得る。それが聖道門とは決定的に違う『大経』の特質ですから、唯円も恵信尼も自力無効をはずさなかったのです。

二つ目の、常陸のさかいの郷の夢の行実は、越後から関東に行く途中で、恵信尼が二人の仏の顔の夢を見たという内容です。恵信尼が「あの二人は誰か」と聞くと、ある人が「一人は法然上人、もう一人は善信の御房である」と言われて、彼女はいたく驚きます。法然のことを親鸞に伝えると、「それは正夢である」と言われましたが、親鸞が観音菩薩であるということは言いませんでした。それが次のような言葉で伝えられています。

観音の御事は申さず候いしかども、心ばかりは、その後《のち》、うちまかせては思いまいらせず候いしなり。かく御心得《こころえ》候うべし。（同前）

つまり、「その夢を見てから後は、親鸞を普通の方とは思えず、観音菩薩と仰いだのです。それをあなたも心得ておきなさい」と、娘に強い言葉で言っています。

凡夫の目覚めを得た法然との出遇いと、この夢の行実とは第三通の中の一連の文章です。恵信尼はこの消息で、凡夫の自覚に立った親鸞を観音菩薩と仰いだと告げて、それを「あなたもそう心得るべきです」と念を押しているのです。

『大経』の信心を表明した天親の「世尊我一心」の「我」を、曇鸞は『論註』で「流布語《るふご》」と註釈します。*99 つまりこの「我」は、宿業の身の我であると同時に、法蔵菩薩の願を生きる大乗の菩薩のごとき「我」であると言います。身は凡夫でも、法蔵菩薩の志願を生きるところに、『大経』の大乗仏教としての積極的な意味があります。要するに凡夫の目覚めを持った者を菩薩と仰ぐところに、大乗仏教の完成態がありま す。ですから恵信尼は、この二つの行実を一連の消息にしているのです。

この二つの行実は、『大経』下巻で言えば、第十一願の成就（超世）・第十七願の成就（名号の救い）・第十八願の成就（凡夫の目覚め）・三輩章の第十九願の成就（自力）、つまり自力から他力への翻りである「一心帰命」を表す行実であると思います。

ところが『大経』では、「一心帰命」と、もう一つ大切な箇所が「一心願生」です。それは、念仏生活といっても煩悩の身ですから、釈尊が、貪《とん》・瞋《じん》・痴《ち》の煩悩を本願力によって超えて往けと教える、「三毒五悪段」以降の部分になります。それについては、後に尋ねますが、実はこの自力の執心を超えようとする出来事が、三つ目に恵信尼が伝えている、佐貫の三部経千部読誦の行実であると思われます。

第五通の消息は、寛喜三年、親鸞が五十九歳の時のものです。風邪を引いて熱にうなされ、四日目に「今《ま》はさてあらん（まあこれでよかろう）」[*100]と言うので、恵信尼がその意味を聞くと、親鸞は夢の中で『大経』が一字残らず出てきて、それを読誦していたと答えました。

振り返ってみると、十七年前の四十二歳の頃に飢饉が起こります。おそらく、越後から関東へ向かう途中と推測されますが、親鸞は飢饉で苦しむ人を救いたいと三部経の読誦を始めます。ところが途中で、「名号の他には、何事の不足にて、必ず経を読まんとするやと、思いかえして」[*101]三部経千部読誦を止めるのです。この時自力の執心の深さを決定的に教えられたはずなのに、十七年も経った五十九歳の今また夢の中で『大経』を読誦していたのですから、「人の執心、自力の心は、よくよく思慮あるべし」[*102]と反省させられたのです。「今はさてあらん」とは、その反省の言葉だった、と親鸞が言うのです。

このように、第二十・植諸徳本の願の自力の執心の深さを決定的に教えられたのは、四十二歳の佐貫での三部経千部読誦の出来事です。しかし、命終わるまで煩悩の身が消えることはありませんので、それ以降、何度もその深さに驚かされるのでしょう。

この行実で伝えられるように、自力の執心の深さを知らされて群萌の一人に帰りきることこそ、往還の回向のどちらもが如来の回向であることを、徹底して仰ぐ根拠です。それを、曇鸞はねんごろに「他利利他の深義」を説いて教えてくださった、と言っているのだと思います。

3　他利利他の深義

「他利利他の深義」は、『論註』最後の「覈求其本釈《かくぐごほんじゃく》」に説かれています。ここは、菩薩が五念門の行によって自利利他を実現して、速やかに阿耨多羅三藐三菩提《あのくたらさんみゃくさんぼだい》を成就するのは、阿弥陀如来の本願力によることを明確にするところです。その文を見てみましょう。

他利と利他と、談ずるに左右《さう》あり。もしおのずから仏をして言わば、宜《よろ》しく利他と言うべし。おのずから衆生をして言わば、宜しく他利と言うべし。いま将《まさ》に仏《ぶつ》力《りき》を談ぜんとす、このゆえに利他をもってこれを言う。当《まさ》に知るべし、この意なり。

（『聖典』一九四頁）

曇鸞は、「覈求其本釈」で「菩薩が自利利他して速やかに覚りを得ることができるのは、阿弥陀如来の本願力によるからである」と言うのですが、この「他利利他の深義」は、その意味をより明確にするために設けられたものです。「他利と利他と、談ずるに左右あり」から始まりますが、この「他利」という言葉は、『論註』ではここまでに一度も出てきていません。もともと中国では、「他利」も「利他」もほとんど同じ意味で使われていたようです。ところが曇鸞は、ここに「他利」と「利他」と二つ並べて、「左と右ほど違う」と言います。

その違いを曇鸞は、「利他は他を利益する」という意味で、如来の仏力を表す言葉だと言います。それに対して、「他利は他から利益される」という意味で、衆生から言えば利他ではなくて他利と言わなければならない。それにもかかわらず、「菩薩が自利利他を実現する」と言っているのですから、この自利利他は阿弥陀如来の仏力によってしか成り立たないと言うのです。要するに曇鸞は、衆生のほうからは他から利せられるということしか成り立たないから、人間に利他はないと教えているのです。

宗祖も「小慈小悲もない身である自分には、有情利益はできない」*103と和讃しますから、この「他利利他の深義」の教えによって、利他の還相は自分が菩薩になって教化するのではなくて、釈尊を始めとする善知識の教化であると決定したのです。

この佐貫での三部経千部読誦こそ、「他利利他の深義」が、宗祖の身に染み込んだ出来事であると思います。この時宗祖は、群萌の一人に帰りきり、還相回向を善知識の教化であると決着して、『大経』を「絶対他力の経典」と仰ぐ者になったのです。そこに、『教行信証』を書く自信を得たのであると確信します。この三部経千部読誦の後、関東に入ってすぐに、宗祖は『教行信証』の制作にかかるのです。

それにしても恵信尼は、素晴らしい仏者です。『恵信尼消息』を通して、『大経』の仏道を「一心帰命」と「一心願生」で押さえ、往生は法然との出遇いに決定されていて、凡夫の仏道であっても全体が大乗の菩薩道に匹敵する、と言っています。しかもそれを、宗祖との生き合いの中の出来事として伝えています。いかに仏道が具体的であったか、驚愕と尊敬の念を改めて持ちます。最近の研究では、法然門下の門弟としては、恵信尼のほうが宗祖よりも先輩であったと言われています。いかにもそうであろうと思わせる恵信尼の見識です。

このように『恵信尼消息』は、宗祖との具体的な生き合いの中で感得した親鸞像を、これから墓守として浄土真宗を伝えなければならない娘の覚信尼に、どうしても言っておかなければならなかったのだと思います。

＊94　『唯信鈔文意』・『聖典』五五三頁。
＊95　『聖典』六一六頁。
＊96　『聖典』六一七頁。
＊97　『聖典』六一九頁。
＊98　「つねに仰せられける御詞」・『昭法全』四九三頁。
＊99　『真聖全』一・二八二頁。
＊100　『聖典』六一九頁。
＊101　同前。
＊102　同前。
＊103　『聖典』五〇九頁取意。

第五節　『教行信証』の還相回向

1　往相回向の結釈

さて、『教行信証』によって還相回向を考えてみましょう。「証巻」の往相回向の結釈には次のように述べられます。

それ真宗の教行信証《きょうぎょうしんしょう》を案ずれば、如来の大悲回向《えこう》の利益なり。かるがゆえに、もしは因もしは果、一事として阿弥陀如来の清浄願心《しょうじょうがんしん》の回向成就したまえるところにあらざることあることなし。因浄《じょう》なるがゆえに、果また浄なり。知るべしとなり。

（『聖典』二八四頁）

そして、

　二つに還相《げんそう》の回向と言うは、すなわちこれ利他教化地《りたきょうけじ》の益《やく》なり。すなわちこれ「必至補処《ひっしふしょ》の願」より出《い》でたり。また「一生補処《いっしょうふしょ》の願」と名づく。また「還相回向の願」と名づくべきなり。『註論《ちゅうろん》』に顕《あらわ》れたり。かるがゆえに願文を出《い》ださず。『論の註』を披《ひら》くべし。

　『浄土論』に曰《い》わく、「出第五門《しゅつだいごもん》」とは、大慈悲をもって一切苦悩の衆生を観《かん》察《ざっ》して、応化《おうけ》の身を示す。生死《しょうじ》の園《その》、煩悩の林の中に回入《えにゅう》して、神通《じんずう》に遊戯《ゆげ》して教化地《きょうけじ》に至る。本願力の回向をもってのゆえに。これを「出第五門」と名づく、と。已上

（同前）

と、還相回向の論述が始まります。本来はここで第二十二願を引用するのでしょうが、『論註』に明らかなので願文は出さないと断って、『浄土論』の出第五門の引文から始まります。その後に『論註』の起観生信章《きかんしょうしんしょう》の還相回向の文が引用され、観察体《かんざったい》相《そう》章の不虚作住持功徳の文から、長く利行満足章《りぎょうまんぞくしょう》の「阿修羅《あしゅら》の琴《きん》」の譬えまでが引文

されます。[*104] ちなみにその章を挙げてみますと、観察体相章・浄入願心《じょうにゅうがんしん》章・善巧摂化《ぜんぎょうせっけ》章・障菩提門《しょうぼだいもん》章・順《じゅん》菩提門章・名義摂対《みょうぎせったい》章・願事成就《がんじじょうじゅ》章・利行満足章と、『論註』下巻の大切な部分はほとんど引文されます。

ここの引文の特徴は、尊敬語を付して「菩薩」を法蔵菩薩として読んでいることです。要するに宗祖は、凡夫を救うために妙楽勝真心《みょうらくしょうしんしん》（他力の信心）にまでなった、法蔵菩薩の兆載永劫の修行が説かれている箇所と読むのです。ここに、『論註』をあえて『註論』と記して、徹底した凡夫として読むことが宣言されているのです。当然、善知識の教化の根拠と読むのですが、私は「証巻」往相回向の最後にそれが規定されていると思いますので、しばらくそこを見ていきましょう。

「証巻」は浄土の証が、『論註』から四つ、妙声功徳《みょうしょうくどく》・主《しゅ》功徳・眷属《けんぞく》功徳（大義門《だいぎもん》功徳）・清浄《しょうじょう》功徳が引用されます。[*105]「証巻」の引用ですので、この四つの荘厳功徳は、『論註』下巻からの引用になります。なぜなら、下巻の全ての荘厳が「これいかんぞ不思議なるや」[*106]から始まるように、凡夫の身であっても、その信心には誓願不思議の浄土が開かれた感動が説かれているからです。

この四つの功徳の次第を見ると、浄土は、名号の本願招喚の声によって開かれますから、第一に妙声功徳が挙げられます。本願の名号に酬報《しゅうほう》された浄土は阿弥陀を主《あるじ》としていますから、二番目に主功徳が挙げられます。主功徳では、教化の願いが説かれます。先の「他利利他の深義」では、人間に教化はないと言いましたが、阿弥陀を主とする願生者には、生涯を尽くすべき志願として教化が説かれるのです。「信巻」の「現生《げんしょう》十種の益《やく》」で言えば、「知恩報徳《ちおんほうとく》の益」・「常行大悲《じょうぎょうだいひ》の益」＊107という言葉で押さえられている内容になると思います。それは、教化すべき人を無限に発見しているからです。ですから三番目に、眷属功徳が挙げられます。それは孤独を超えて、共に在る世界に生まれて往くことです。この三つの功徳で、衆生が阿弥陀の世界に生まれて往くという、往生浄土の内実が押さえられています。ところがそれが、最後に清浄功徳でもう一度、締め括られるのです。これが「証巻」の浄土荘厳の次第です。

『浄土論』では、浄土の総相である清浄功徳が最初に説かれています。しかし、宗祖は清浄功徳を最後に引用して、往生・願生という浄土の仏道は、妙声功徳・主功徳・眷属功徳（大義門功徳）という豊かな内容を持つ仏道ですが、それはそのまま大乗仏教の核心である涅槃への道であると押さえ直すのです。ですからこの清浄功徳で大切な文は、すなわちこれ煩悩を断ぜずして涅槃分《ねはんぶん》を得《う》、いずくんぞ思議すべきや。
（『聖典』二八三頁）

という文章です。つまりここには、浄土教が大般涅槃道であることを最後に確認して、往生浄土を大乗仏教として意味づけ直すという宗祖の意図があるのです。

その後に、『安楽集』の引用が始まります。

『安楽集』に云《い》わく、しかるに二仏の神力《じんりき》、また斉等《さいとう》なるべし。ただ釈迦如来己《おのれ》が能を申《の》べずして、故《ことさら》にかの長《ちょう》ぜるを顕《あらわ》したまうことは、一切衆生をして斉《ひと》しく帰せざることなからしめんと欲《おぼ》してなり。このゆえに釈迦、処処に嘆帰《たんき》せしめたまえり。須《すべか》らくこの意を知るべしとなり。このゆえに曇鸞法師《どんらんほっし》の正意、西に帰るがゆえに、『大経』に傍《そ》えて奉讃《ぶさん》して曰《い》わく、「安楽の声聞《しょうもん》・菩薩衆《ぼさつしゅ》・人天《にんでん》、智慧ことごとく洞達《とうだつ》せり。身相荘厳殊異《しんそうしょうごんしゅい》なし。ただ他方に順ずるがゆえに名を列《つら》ぬ。顔容端政《げんようたんじょう》にして比《なら》ぶべきなし。精微妙軀《しょうみみょうく》にして人天にあらず、虚無《こむ》の身《しん》、無極《むごく》の体《たい》なり。このゆえに平等力《びょうどうりき》を頂礼《ちょうらい》したてまつる」（讃弥陀偈）

と。已上　（同前）

浄土教では、釈尊と阿弥陀の二尊が説かれますが、釈尊は自分の力を隠して、ことさらに阿弥陀が優れていると説いています。それは、一切の人が等しく阿弥陀如来に帰してほしいからです。釈尊は「私に帰せ」とは言わずに、一人ひとりが本来、阿弥陀の一如の世界を生きているのですから、「自己の本国である阿弥陀の国（彼の国）に生まれよ」と説くのが『大経』の教相です。しかし逆に言うと、浄土の証といっても釈尊の教え以外にはありません。「このゆえに釈迦、処処に嘆帰せしめたまえり。須らくこの意を知るべしとなり」と言って、全てを釈尊の教えに返しています。

次の善導の引文もそのようになっていますので、見てみましょう。

光明寺《こうみょうじ》の『疏《しょ》』（玄義分）に云《い》わく、「弘願《ぐがん》」と言うは、『大経』の説のごとし。一切善悪の凡夫《ぼんぶ》、生《しょう》を得るは、みな阿弥陀仏の大願業力《だいがんごうりき》に乗じて、増上縁《ぞうじょうえん》とせざるはなしとなり。また仏の密意《みっち》弘深《ぐじん》なれば、教門をして暁《さと》りがたし。三賢十《さんげんじっ》聖測《しょうはか》りて闚《うかが》うところにあらず。況《いわん》や我信外《われしんげ》の軽毛《きょうもう》なり。あえて旨趣《ししゅ》を知らんや。仰ぎて惟《おもん》みれば、釈迦はこの方にして発遣《はっけん》し、弥陀はすなわちかの国より来迎《らいこう》す。彼《かしこ》に喚《よ》ばい此《ここ》に遣《つか》わす。あに去《ゆ》かざるべけんや。ただねんごろに法に奉《つか》えて、畢命《ひつみょう》を期《ご》として、この穢身《えしん》を捨てて、すなわちかの法性《ほっしょう》の常楽《じょうらく》を証すべし、と。（同前）

この文も二尊教について説かれていますが、「仏の密意弘深なれば、教門をして暁りがたし」、つまり「釈尊の意は弘く深くて、教えは暁りがたい」と、ここも釈尊の教え一つに返しています。その後、釈尊の発遣と弥陀の招喚が述べられて、「二尊の教勅に従え」と説かれます。このように、『論註』の四つの浄土荘厳の引用の後は、二尊教についての引文で埋められますが、教・行・信・証といっても具体的には釈尊の教え一つしかないことを教えているのです。

私が大学院の学生の頃に、二河白道の譬喩がゼミ発表で当たりました。しっかり勉強して発表したつもりでしたが、松原祐善《まつばらゆうぜん》先生から烈火のごとく怒られました。「馬鹿もんが。発表を聞いていると、釈尊と阿弥陀如来が二人おって、阿弥陀仏が西の岸から招喚している。釈尊が東の岸から往けと発遣している。譬えだから、そう書いてある。しかし、この譬えがどういう事実を言っているのか、君は全然わかっていない。譬えの解説なんかよりも、信心の事実は何か、それを明確にしなければ、かえって譬えに迷う」と、机を叩いて怒られました。

つまり、釈尊と阿弥陀仏が二人いるのではありません。釈尊の教え一つの中に阿弥陀如来を聞き取るのです。しかし譬えに執《とら》われると、二人いることが前提になって、そこから解説が始まります。そうなると生きた信心を離れて仏道が観念化し、教理学に転落します。信心の事実を人間の頭脳の中で再構成すると、言葉としてはよく似ていても、全く違うものになります。松原先生はそれに大激怒したのです。

『大経』では、釈尊の教えに出遇った阿難が「光明無量・寿命無量の阿弥陀如来」と叫びます。「あるのは釈尊の教えしかありません。それがわかっていない」と怒られたのです。つまり浄土教といえども、釈尊の教え以外にはありません。釈尊の教えの中に阿弥陀如来を感得して、南無阿弥陀仏と頭が下がるのです。ですから、教・行・信・証を衆生に恵むのは阿弥陀の本願力です。しかし、それを具体的に言えば、釈尊の教えしかないと言っているのです。

さて往相回向の最後の文として、善導の『観経疏』「定善義《じょうぜんぎ》」の文が、次のように引用されます。

また云《い》わく、西方寂静《じゃくじょう》無為《むい》の楽《みやこ》には、畢竟逍遥《ひっきょうしょうよう》して、有無を離れたり。大悲、心に薫《くん》じて法海《ほっかい》に遊ぶ。分身《ふんじん》して物を利すること、等しくして殊《こと》なることなし。あるいは神通《じんずう》を現じて法を説き、あるいは相好《そうごう》を現じて無余《むよ》に入《い》る。変現の荘厳意《こころ》に随いて出《い》ず。群生《ぐんじょう》見る者、罪みな除こる、と。

（『聖典』二八三～二八四頁）

この文の意味は、次のようです。「西方浄土は、涅槃寂静の世界で、衆生の分別である有無を離れた境界《きょうがい》です。この国に生まれた衆生は大悲を薫《かお》らせて、十方の法界に遊ぶがごとく教化に出かけます。色々な応化身を現じて衆生を分け隔てなく教化します。ある時は神通力によって法を説き、ある時は三十二相八十好相を現して無余涅槃に入るのを見せ、意のままに数々の荘厳を現わして、これを見る群生の罪悪を離れさせるのです」。

このように『教行信証』の往相回向の最後は、釈尊の恩徳に極まっていき、浄土から還相した釈尊だからできることであるとまとめられるのです。果たしてこの後は、この釈尊がどうして浄土から還相したのかを表す還相回向が長く説かれることになります。

「教巻」は『大経』の発起序から始まりますが、なぜ釈尊の教えが阿弥陀如来の世界を開くのでしょうか。釈尊が阿弥陀如来の覚りを悟っていたからだ、で議論は終わりますが、それでは本願の道理の開顕にはなりません。釈尊が阿弥陀如来の還相回向の願に乗托して、浄土の覚りを一切衆生に運んでくれたからです。その根拠を明らかにするのが、次に説かれる還相回向の文だと思います。そうでなければ、往相回向の最後が釈尊の教えに収斂される必要はありません。要するに、往相回向が釈尊の教えに収斂《しゅうれん》され、その教えになぜ阿弥陀如来の世界が開かれるのか、その本願の道理を明らかにするのが、次の還相回向の文だと思います。

2 「行巻」の「三願的証」

もう一つ、還相回向が善知識の根拠であるという例を挙げます。「行巻」の標挙は、第十七・諸仏称名の願ですから、「行巻」の経文引証《きょうもんいんしょう》の部分は、第十七願の因願と成就文が出てくれればそれで事足ります。ところが第十七・諸仏称名の願が救い取らなければならない最終目標は、第二十・植諸徳本の願の機ですので、経文引証の最後が第二十二願と第二十願が詠われる「東方偈」で終わっていきます。[*108]要するに、第十七・諸仏称名の願と重なって、第二十願の機を救い取る第二十二・還相回向の願がこの経文引証の背景に流れているのです。そのため他の巻とは違って実に複雑な引文の仕方になっているのですが、それを詳説する紙面がありませんので本書では省きます。[*109]

このように『教行信証』では、第十七・諸仏称名の願と第二十二・還相回向の願が、重なって説かれる部分がいくつもあります。それがよくわかるところを言えば、「行巻」の「三願的証《さんがんてきしょう》」がそれです。この「三願的証」は、『論註』最後の利行満足章に出てきます。天親が『浄土論』で、

菩薩はかくのごとき五門の行を修して、自利利他して、速やかに阿耨多羅三藐《あのくたらさんみゃく》三菩提《さんぼだい》を成就することを得たまえるがゆえに。

（『聖典』一九四頁）

と説きますが、菩薩の自利利他の根拠が阿弥陀如来の本願力であることを証明する「覈求其本釈」・「他利利他の深義」・「三願的証」・「自力他力釈」と展開するところに出てきます。その「三願的証」では、菩薩の自利利他を根源から支えるのは阿弥陀如来の四十八願ですが、それを具体的に証明するために、四十八願の中から三願を挙げています。

第一に、第十八・至心信楽の願が挙げられます。第二に、第十一・必至滅度の願が挙げられます。第三に、第二十二・還相回向の願が挙げられます。そして、

このゆえに速やかなることを得る、三つの証なり。これをもって他力を推《すい》するに増上縁《ぞうじょうえん》とす、（『聖典』一九五頁）

と、菩薩が自利利他の行で速やかに覚りを得るのは、この三つの願によるからであるとまとめられます。この『論註』の文脈でわかるように、浄土に生まれて涅槃の覚りを得るのが菩薩の自利ですから、第十八願と第十一願によって自利が完成します。

もう一つの第二十二願は、浄土から出て教化したいのなら仏に成ることから除くの

で、教化しなさいと説かれますので、菩薩の利他を完成させます。この阿弥陀如来の自利と利他の願によって、菩薩道が貫徹されると説かれるのです。

このように、曇鸞の「三願的証」では、菩薩の自利利他を実現する根源力が、『大経』の本願に帰って尋ね当てられます。この方法論が宗祖に継承され、凡夫の仏道の全体が如来の本願力に支えられて実現すると表わされることになるのです。つまり『教行信証』の各巻が本願を標挙として表わされるのは、この曇鸞の「三願的証」が基になっているからだと思われます。

今、問題にしたいのは、「行巻」にこの「三願的証」が引用されることです。そこでは、『論註』のように菩薩の自利利他を明らかにする文脈ではなく、真実行の完成を課題としていますから、衆生の本願の成就という意味で第十一願・第十八願・第二十二願が引文されます。『大経』の本願の成就文は、第十一願・第十七願・第十八願と説かれますから、第二十二願をどう理解すべきでしょうか。

親鸞が引文する際には、必要のない文章は必ず乃至して省きます。「行巻」に本願成就の意味で引用するのであれば、「三願的証」の第二十二願を乃至すればわかりやすいのですが、乃至していません。そうであれば、第十七願と第二十二願とが重なっているとになります。

第二十二願は、浄土から衆生教化のために出てきた還相の菩薩を説くのですから、曇鸞はその還相を、釈尊を筆頭とする善知識だと見ています。この第二十二願と第十七願とは重なっていて、どちらも師教を表わしています。宗祖はそれを指示するために、あえて第二十二願を乃至しなかったのだと思われます。

曽我先生は、このような宗祖の引文を踏まえて、次のように言います。

釈尊は十七願の諸仏称名の願に応じ、第二十二願の還相回向の弘誓に乗じて、此世に興出《こうしゅつ》し、真実之利を恵まんと欲せられたのである。此《この》欲の文字は釈尊の本願を示す。彼の『大経』開説は静的には十七願に応じ、動的には二十二願に乗ずるのである。全体我々は教を静的に見るは不徹底である。

（「自己の還相回向と聖教」・『曽我量深選集』三・一六九頁）

このように、釈尊の教えを動的に表わせば第二十二願に乗じ、静的に表わせば第十七願に応じる、と言います。先生の独特な表現ですが、第十七願も第二十二願も師の教えを表わし、静的に表わすだけでは不徹底であると言います。

それは、自分の師を憶《おも》うとわかるでしょう。浄土から還相したからこそ、私を浄土へ導いてくださるのです。私に浄土の「証」が実現していなければ、善知識を還相の菩薩とは仰げません。だから、還相回向は「証巻」の最後に説かれているのです。浄土からの動きをもって善知識を表す時には、第二十二願に乗托すると言うのです。しかし、静かに「ただ念仏して、弥陀にたすけられまいらすべし」*110と勧める時には、静的に第十七願で言うのです。

先にも申しましたが、第二十二・還相回向の願成就文の了解は、自分が菩薩になって教化するのか、それとも浄土から還相した菩薩に教化されるのか、それが宗祖の疑問だったはずです。この「行巻」の経文引証や「三願的証」でも、第二十二願が善知識の教えを表す本願であることは明らかであると思います。

このように見てきてわかるように、宗祖は『大経』下巻の「東方偈」以下、「三毒五悪段」の前までの部分を、聖道門のように往生の果として還相の菩薩になると読まないで、師教を成り立たせる阿弥陀如来の根源力と読んでいることになります。

＊104　『聖典』二八五～二九八頁。

＊105　『聖典』二八一～二八三頁。

＊106　『聖典』二八一頁。

＊107　『聖典』二四一頁。

＊108　『聖典』一五九～一六一頁。

＊109　詳細は、拙著『大無量寿経』講讃―宗祖の視点で下巻を読む―』一二一～一二三頁参照。

＊110　『歎異抄』第二条・『聖典』六二七頁。

第五章　願生浄土

第一節　「三毒五悪段」の課題

還相回向の文が終わると、『大経』では「三毒五悪段」が始まります。最初にこの段の課題に触れておきます。ここには、『大経』で唯一衆生の生活が説かれています。もしこの段がなければ、『大経』の全てが如来の世界だけを説いていることになり、浄土が衆生の生活とどう関わるのかがわからなくなります。この「三毒五悪段」があることによって、浄土に照らされた娑婆の念仏生活の意味を教えられることになるのです。

ここに説かれる三毒とは、貪欲《とんよく》・瞋恚《しんに》・愚痴《ぐち》の三つの煩悩のことです。貪欲とは、砂漠で水を求めるようにものを貪《むさぼ》り、人に執着することです。瞋恚とは、思い通りにならずに腹を立てることです。愚痴とは、何が真実かわからない無明煩悩のことを言います。如来の智慧に見抜かれている衆生は、この煩悩の塊であると教えられていますから、宗祖が「地獄は一定すみかぞかし」*111と言うのもよくわかります。この三毒の煩悩が源になって、衆生の具体的な五悪の生活がありますから、念仏生活（難思議往生）においては、三毒の煩悩が衆生の最も大切な課題になるのです。

貪欲のところでは、「田畑や財産がある者はあることで憂《うれ》い、ない者はないことで憂う」*112と教えられています。ということは、財産それ自体に問題があるのではなく、財産に執着する衆生の心に問題があることを、釈尊が教えようとしているのです。

瞋恚も愚痴も同じように説かれますが、貪欲と瞋恚は、「欲を張りすぎだ」とか、「つい怒ってしまった」と、生活の中で時々反省ができます。しかし愚痴の煩悩は、無明煩悩ですから、衆生の反省が届きません。なぜなら、反省している心そのものが自力だからです。無明煩悩とは、何が真実かわからないことです。そうであれば、自分を立て自分を守ろうとする自己執着と自己保身しか残りません。つまり、愚痴とは自己執着のことですが、この煩悩は人間の反省を超えて深いので、如来の智慧に出遇って教えられる他はありません。ですから、この愚痴の煩悩のところだけは、特に、如来の教えとの対比の中で説かれています。つまり、仏の教えに出遇わなければ、絶対にわからない根本煩悩は愚痴であることが、よくわかる説き方になっています。とにかくここは、釈尊が一切衆生の根源を三毒の煩悩と見抜き、「本願力によってそれを超えよ」と教え誡《いまし》めているところなのです。

『大経』では、最初に「一心帰命」の信心が説かれ、その信心を生きようとする者に対して、最後に難思議往生の念仏生活が説かれます。つまり、還相回向の文を挟んで、「一心帰命」と「一心願生」とが分けて説かれています。ですから、『大経』の論である天親の『浄土論』は、「世尊我一心　帰命尽十方　無碍光如来　願生安楽国」と、「一心帰命」と「願生安楽国」と二つの契機で、信心を表明するのです。しかもそのほとんどが、浄土の荘厳功徳で埋められていますから、「一心帰命」よりも仏に成る道としての「願生浄土」のほうに力点があることがわかります。「三毒五悪段」で言えば、貪・瞋・痴の煩悩を超えて「人間以上の或者《ある》になろうと云《い》う道」*113、それが難思議往生という我われの念仏生活であり、そこに『大経』の眼目があるのです。

現代では回心の体験を持てないために、それを目標にした見解ばかりが目につきます。その回心を視野に入れて説かれる経典が、『観経』であり『涅槃経《ねはんぎょう》』の阿闍世《あじゃせ》の物語でしょう。『大経』では阿難が、ある日突然、釈尊に出遇う回心から始まっていきます。しかし、本願の教えに出遇うまでには、阿難のよほどの苦悩があったはずです。他の弟子はみな覚りを悟っていくのに、釈尊に最も近い阿難は悟れなかったのですから、その悩みは深かったでしょう。それを象徴的に教えるのが、阿闍世の物語だと思われます。

『教行信証』「信巻」では、真仏弟子釈が悲歎述懐《ひたんじゅっかい》で終わっていきます。*114 聖道門で真仏弟子といえば、聖者である菩薩になっていくことです。ところが浄土門では、仏教に除かれていく者が、そのまま本願に救われて真仏弟子とされるのですから、浄土教の特質を明らかにするために、どうしても悲歎述懐が必要なのです。その後は、悲歎する人間の具体性を明らかにするために、阿闍世の物語が長く引用され、曇鸞の八番問答と善導の抑止門《おくしもん》の文で「唯除の機」が論じられ、最後に、宗祖の身の事実を表す小乗の五逆と大乗の五逆の文で「信巻」が終わっていきます。*115

このように「信巻」は他の巻とは違って、唯一最後の結釈がありません。それは「信巻」が親鸞の立脚地であるために、最後に説かれる五逆の身が「教巻」を開き、「行巻」を実践して、五逆の身のままで「証巻」の大涅槃に救われていくというように、五逆の身から各巻に展開することを示すために、あえて結釈を置かなかったのだと思います。

「信巻」には、『涅槃経』の阿闍世の苦悩が長く引用されます。文脈上は「唯除の機」の具体性が述べられるのですが、『大経』には説かれていない阿難の苦悩が、阿闍世によって象徴されているのだと思います。そのように、『観経』の韋提希《いだいけ》や『涅槃経』の阿闍世への説法は、回心以前の衆生の苦悩にその焦点がありますが、『大経』は、その説き方から見ても回心以後の念仏往生に力点があります。

「三毒五悪段」で釈尊が説くように、たとえ回心の体験があっても煩悩の身は命終わるまで消えることはありません。その煩悩を超えたいという意欲を生きる、難思議往生という念仏生活に『大経』の眼目があるのです。なぜなら、三毒の煩悩を超えて仏に成ろうとする歩みにこそ、今の世界人類の課題を具体的に超える道が示されているからです。

世界を見渡しても、戦争が止んだ日は一日もありません。せっかく同時代に生まれても、共に生きることが成り立たないのが人の世です。浄土の眷属功徳に照らされながら、浄土に生まれて往きたい、その意欲だけが自己執着を超えて共に在ることを実現する道です。

そう言うと、すぐに仏教に立ったのならそれを世界に発信して、戦争のない世界を作らなければならないという声が聞こえそうです。果たして宗祖は、そんなことを言っているでしょうか。それは、眼が外に向いている常識的（外道）な考え方です。そうではなくて本願の教えによって、自己執着の根深さを教えられながら（内観道）、自分自身が内に人間を超えようとする道、つまり仏に成る道に立たされるのです。それは、たとえ一人の歩みであっても、その一人の生き方の中に、人類が立つべき道が示されているのです。そこに人類の課題を踏まえた『大経』の仏道があります。ですから、『大経』の仏道に立つ人が一人でも生まれてほしいという、教化しか道は残されていません。世界平和を願うのなら、宗祖のように教化に命を捨てるべきであると思います。

　さて「三毒五悪段」は、旧訳《くやく》である『平等覚経』と『大阿弥陀経《だいあみだきょう》』と所依の『大経』には収録されていますが、新訳の『無量寿如来会』と『荘厳経《しょうごんきょう》』の二経にはそれがありません。ですから、旧訳と新訳とでは、経典が歩んできた伝統が違うのでしょう。

　その「三毒五悪段」では、中国思想の影響もあって「自然《じねん》」という言葉が多用されます。さらに、所依の経典では「慈氏《じし》菩薩」となっている訳語が、ここに限って「弥勒菩薩」[*116]となっていることから、「三毒五悪段」はシルクロードか中国あたりで、後に付加されたことが定説となっています。[*117] そのため、文献学的には軽んじられる傾向にありますが、親鸞の思想研究から見れば、難思議往生という衆生が仏に成る道を表す大切なところです。その証拠に、宗祖独自の思想であり、親鸞教学の核心である「願力自然」と「二双四重《にそうしじゅう》の教判《きょうはん》」を読み取ったところです。さらに、「真仏弟子」の念仏生活や「便同弥勒《べんどうみろく》」を読み取ったところですので、『大経』の眼目と言ってもいい箇所であると思います。

さらに付け加えておきますと、『平等覚経』と『大阿弥陀経』には「三毒五悪段」がありますが、最後の「智慧段」がないのです。「智慧段」が開顕されるのは、この三つの経典の中で所依の『大経』だけです。この「智慧段」があることによって、かえって「三毒五悪段」の衆生の課題が明確になり、その全体を救い取らんとする阿弥陀如来の本願の智慧が輝いているのです。その「智慧段」によって、『大経』が群萌を救う教えであることを完成することになります。これからそれらを概観しながら、願生浄土の意味を考えてみましょう。

＊111　『歎異抄』第二条・『聖典』六二七頁。

＊112 『聖典』五八頁取意。

＊113 「宗教的信念の必須条件」・『清沢満之全集』〈岩波書店〉六・七七頁。

＊114 『聖典』二五一頁。

＊115 『聖典』二五一～二七八頁。

＊116 『聖典』五七頁。

＊117 藤田宏達『浄土三部経の研究』九五～九七頁参照。

第二節　親鸞の「三毒五悪段」の了解

1　真仏弟子

最初に、宗祖が「三毒五悪段」から読み取った主なものを尋ねてみます。『大経』の下巻は「阿難」に対して説かれますが、この「三毒五悪段」になると対告衆がいきなり「弥勒菩薩」に代わります。弥勒は必ず仏に成ることが決まっている一生補処の菩薩ですから、あえて釈尊が説法する必要はないように思われます。にもかかわらず弥勒菩薩を呼び出すのは、この箇所が、仏に成ることが決まっている者の念仏生活を教えているからであると思われます。

宗祖はこの「三毒段」から、二文を『教行信証』に引用しています。どちらも「信巻」の真仏弟子釈に引いているのでそこを見てみましょう。

必ず超絶《ちょうぜつ》して去《す》つることを得て、安養国《あんにょうこく》に往生して、横《おう》に五悪趣《ごあくしゅ》を截《き》り、悪趣《あくしゅ》自然《じねん》に閉じん。道に昇るに窮極《ぐごく》なし。往《ゆ》き易くして人なし。その国逆違《ぎゃくい》せず。自然の牽《ひ》くところなり。

（『聖典』二四三頁、傍線筆者）

これは「三毒段」の最初[*118]に掲げられていて、宗祖が特に大切にする文です。この文から宗祖独自の了解である願力自然を読み取りますが、それについては後に尋ねます。

この箇所には、『大経』の文と同義で文言もほぼ同じ『大阿弥陀経』の次の文が連引されます。

『大阿弥陀経』支謙《しけん》に言《のたま》わく、超絶して去つることを得《う》べし。阿弥陀仏国に往生すれば、横に五悪道を截りて、自然に閉塞《へいそく》す。道に昇るに之《これ》極まりなし。往き易くして人あることなし。その国土逆違せず。自然の牽く随《ところ》なり、と。

（『聖典』二四三～二四四頁、傍線筆者）

この二文を書き下しで読むと、ほとんど同じ文に見えますが、漢文では『大経』が「必得超絶去（必ず超絶して去つることを得て）」とあり、『大阿弥陀経』のほうは「可得超絶去（超絶して去つることを得べし）」となっています。宗祖は、真仏弟子の定義を「必可超証大涅槃」と「金剛心の行人」の二つで確かめていますから、この「必」と「可」の文字を、所依の『大経』と異訳の『大阿弥陀経』からいただいたことを指示しているのです。

『大経』の「必得超絶去」は、超世が必然するのは法蔵菩薩の本願力によることを表しています。それに対して、『大阿弥陀経』の「可得超絶去」のほうは、「超絶して去つることを得べし」と教えるのですから、釈尊の説法を表しています。要するに、ここで『大経』と『大阿弥陀経』を連引することによって、大涅槃の超証が「必ず可能となる」のは、釈迦・弥陀二尊の教勅によることを表しているのです。このように、「必得超絶去」の文は、真仏弟子の定義に関わる重要な文章です。

もう一つは、

それ至心ありて安楽国に生まれんと願ずれば、智慧明らかに達し、功徳殊勝を得《う》べし、と。

（『聖典』二四五頁）

という文です。これは、真仏弟子釈の定義が終わって、その生活の具体性を表す文として引用されます。それが「智慧明らかに達し、功徳殊勝を得べし」と説かれますから、願生の信心には、「この世と自身を見抜く智慧を賜り、浄土荘厳のはたらきを得る」と説かれるのです。一つは、わが身とこの世を「地獄一定」と見抜く智慧です。もう一つは、その信心に開かれた浄土の功徳によって、人類の課題を荷負しながら虚心平気にこの世を生きていくことです。この真仏弟子の具体的な念仏生活の経証をこの文に見ているのです。

この文は、もともとの「三毒段」では最後に説かれている文章です。この文の後に次のように説かれます。

心《しん》の所欲に随《したが》いて経戒《きょうかい》を虧負《きふ》して人の後《しりえ》にあることを得ることなかれ。もし疑いの意《こころ》ありて経を解《さと》らざる者は、具《つぶ》さに仏に問いたてまつるべし。当《まさ》にためにこれを説くべし。

（『聖典』六三頁）

「心の思うままに任せて経戒にそむき、世の人の後ろについて行ってはなりません。ここまで言っても疑いの心があって経法がわからないのなら、仏に問いなさい。それについて説くことが、私の願いだからです」。この釈尊の言葉を受けて、弥勒が「仏語の教誡《きょうかい》、甚《はなは》だ深く甚だ善し」[*119]と答えます。この「教誡」という言葉は、「三毒段」の終わりと、「五悪段」の終わりの二箇所に出てくる言葉です。ですから「三毒五悪段」の全体は、釈尊の教誡、つまり、「三毒五悪の生活を超えて往け」という誡めに貫かれていることがわかります。[*120]

宗祖が「信巻」に引用した「それ至心ありて安楽国に生まれんと願ずれば、智慧明らかに達し、功徳殊勝を得べし」という文は、「三毒段」の最後で釈尊が弥勒菩薩に、「本願力に賜る仏の智慧と大涅槃の功徳を説いて、このような大きな利益を得るのだから、本願力によって煩悩を超え浄土に生まれよ」と、教誡する言葉として説かれる文です。

以上のように、宗祖が引用した二文は「三毒段」の最初と最後にある文で、真仏弟子釈の定義と、現生に賜る阿弥陀如来の利益とが説かれる重要な文章です。「三毒五悪段」からの引文は、どちらも真仏弟子釈にあることから、宗祖はこの「三毒五悪段」を、「一心帰命」によって世を超えた人が、阿弥陀如来の本願力によって三毒の煩悩を超えようと欲する念仏生活、つまり真仏弟子の難思議往生を説くところであると読んだのです。ですから対告衆は阿難でもいいのでしょうが、仏教がわかった人を象徴する名が、弥勒菩薩であったのだと思われます。

2　便同弥勒

「三毒五悪段」が終わると仏の智慧を説く「智慧段」が開かれますが、そこでは釈尊が「阿難および慈氏菩薩に告げたまわく」*121と、阿難と弥勒菩薩とを同時に呼び出して説法します。『大経』下巻の最初は釈尊が阿難に説いていますが、「三毒五悪段」ではいきなり弥勒を呼び出し、正宗分最後の「智慧段」になると両者を同時に呼び出して説法します。つまり、回心によって超世の感動を得た阿難と、自力の修行で等覚の金剛心を得た弥勒菩薩を、『大経』では同等に扱うのです。凡夫の代表である未離欲の阿難と、等覚の金剛心を獲た弥勒菩薩とでは、大乗菩薩道の五十二位で言えば、その立ち位置に雲泥の差があります。しかし『大経』では、如来の本願力を生きる者として、同等の資格を見ているのです。これを受けて宗祖は、真の仏弟子の結釈に次のように記すことになります。

真《まこと》に知りぬ。弥勒大士《みろくだいじ》、等覚金剛心《とうがくこんごうしん》を窮《きわ》むるがゆえに、龍華三会《りゅうげさんね》の暁《あかつき》、当《まさ》に無上覚位を極《きわ》むべし。念仏衆生は、横超《おうちょう》の金剛心を窮むるがゆえに、臨終一念の夕《ゆうべ》、大般涅槃《だいはつねはん》を超証《ちょうしょう》す。かるがゆえに「便同《べんどう》」と曰《い》うなり。

（『聖典』二五〇頁）

弥勒菩薩は自力の修行で等覚の金剛心を窮めているから、釈尊の滅後五十六億七千万年に龍華の木の下で三会を開き、たくさんの衆生を仏にして自らも仏に成る。念仏の衆生は本願力による横超の金剛心を窮めているから、宿業の身の命が終わる時、大涅槃を超証する、と言うのです。

松原先生がお亡くなりになる前に、「親鸞聖人の教えで一番大切なところは、臨終一念の夕《ゆうべ》に、大般涅槃を超証するという信念を、今、いただいているということです」と遺言されました。生涯念仏者として生きられた先生が、最後にご自身の今の信心を、宗祖の真仏弟子の結釈のお言葉で表されたことに、甚深《じんじん》無量の感動をいただいたことでした。

さて、このように宗祖が、念仏者（真仏弟子）と弥勒とは「便同」であると言うのは、「命終われば必ず仏に成る」と弥勒菩薩と同じ確信を得ていたことはもちろんです。しかしそれを『大経』に返して、阿難と弥勒菩薩の対告衆の変遷に則って「便同弥勒」と言ったのです。なぜならそれが釈尊の意図だからです。

3　願力自然

『大経』では「自然」の語が多く使われていて、上・下巻合わせて五十六箇所を数えます。上巻の自然は全て浄土の無為自然、つまり涅槃の覚りを表しますが、「三毒五悪段」の自然は、ほとんどが迷いの行為によって苦しみを重ねる業道《ごうどう》自然として使われます。この無為自然と業道自然のちょうど分水嶺《ぶんすいれい》に当たる文が、先に引用した「三毒段」の始めにある文です。大切な文章ですので再度引用してみましょう。

必ず超絶して去《さ》ることを得て、安養国《あんにょうこく》に往生せよ。横《よこさま》に五悪趣を截りて、悪趣自然に閉じん。道に昇ること窮極《ぐごく》なし。往き易くして人なし。その国逆違せず。自然の牽くところなり。（『聖典』五七頁）

この文章を、宗祖は『尊号真像銘文』で次のように解説して、願力自然という独自の了解を打ち立てるのです。

「横截五悪趣《おうぜつごあくしゅ》　悪趣自然閉《あくしゅじねんぺい》」というは、横《おう》は、よこさまという。よこさまというは、如来の願力を信ずるゆえに行者のはからいにあらず。五悪趣を自然《じねん》にたちすて、四生《ししょう》をはなるるを横という。他力ともうすなり。これを横超《おうちょう》というなり。横《おう》は竪《しゅ》に対することばなり。超《ちょう》は迂《う》に対することばなり。竪《しゅ》はたたざま、迂《う》はめぐるとなり。竪と迂とは自力聖道《じりきしょうどう》のこころなり。横超はすなわち他力真宗の本意なり。截《せつ》というは、きるという。五悪趣のきずなをよこさまにきるなり。「悪趣自然閉」というは、願力に帰命すれば、五道生死をとずるゆえに自然閉という。閉はとずというなり。本願の業因《ごういん》にひかれて、自然《じねん》にうまるるなり。（中略）真実信をえたる人は、大願業力《だいがんごうりき》のゆえに、自然に浄土の業因たがわずして、かの業力にひかるるゆえにゆきやすく、無上大涅槃にのぼるにきわまりなし、とのたまえるなり。しかれば、自然之所牽《じねんししょけん》ともうすなり。他力の至心信楽《ししんしんぎょう》の業因の自然にひくなり。これを牽《けん》というなり。自然というは、行者のはからいにあらずとなり。（『聖典』五一四～五一五頁、傍線・中略筆者）

このように宗祖は、「悪趣自然閉」と「自然之所牽」の「自然」を、法蔵菩薩の大願業力の自然、つまり「願力自然」と読み取っていることがよくわかります。業道自然（『大経』下巻）で迷いの人生に沈む衆生を、如来の願力自然によって、浄土の無為自然（『大経』上巻）に転じるのです。

無為自然や業道自然の語は他の経典にも説かれていて、大乗仏教でもよく使われる語ですが、願力自然は『大経』の核心を表す横超の思想として、宗祖が独自に読み取った造語です。ここに凡夫が他力の信心を得れば、そのままで仏に成るという、浄土真宗の根拠が凝集的に語られています。この願力自然が『教行信証』では、本願力回向と表現し直されていくことはすぐにわかるでしょう。ここでも「横超はすなわち他力真宗の本意なり」と言われるように、宗祖は、この「必得超絶去」の文に、『大経』の仏道の眼目があることを教えられているのです。それはこの文が、無為自然と業道自然の分水嶺に配置されているからだと思われます。

4　二双四重の教判

さらに「必得超絶去」の文について言えば、往生が「超絶去」と三字を加えて教えられています。この娑婆の流転を超え、絶ち、去ると言い、また「横に五悪趣を截る」とも教えられます。この『尊号真像銘文』の文でもわかるように、宗祖は『大経』の「横」に対して「竪」を見出して、二双四重の教判を開くのです。「横」と「超」とを熟字して「横超はすなわち他力真宗の本意なり」と言い、「竪と迂とは自力聖道のこころなり」と言います。『教行信証』「信巻」には、二双四重の教判を、

「横超《おうちょう》」は、「横《おう》」は竪超《しゅちょう》・竪出《しゅしゅつ》に対す、「超《ちょう》」は迂《う》に対し回《え》に対するの言《ことば》なり。「竪超」は、大乗真実の教なり。「竪出」は大乗権方便《ごんほうべん》の教、二乗・三乗迂回《うえ》

の教なり。「横超」は、すなわち願成就一実円満の真教、真宗これなり。また「横出《おうしゅつ》」あり、すなわち三輩《さんぱい》・九品《くほん》、定散《じょうさん》の教、化土《けど》・懈慢《けまん》、迂回の善なり。大願清浄《だいがんしょうじょう》の報土には、品位階次《ほんいかいじ》を云《い》わず、一念須臾《しゅゆ》の傾《あいだ》に速やかに疾《と》く無上正真道を超証《ちょうしょう》す、かるがゆえに「横超」と曰《い》うなり。（『聖典』二四三頁）

と述べています。このように、「必得超絶去」の文は大乗仏教全体の教相判釈《きょうそうはんじゃく》に関わって、宗祖が『大経』の核心的な文章と見ていることがわかります。

「信巻」では「三心一心問答」の結釈の後にも、菩提心について二双四重の教判を設けています。*122 そこでは、他力の信心をわざわざ「横《おう》の大菩提心」という言葉を使って、明恵の「菩提心撥去」の批判に応えているのです。法然は、何も菩提心がいらないと言ったのではありません。自力の菩提心を否定したのです。なぜなら、菩提心がどんなに堅固で立派であろうと、人間の起こした心は究極的には煩悩です。そうであれば、それが覚りに到達することなど、何の保証もありません。それに対して他力の一心は、如来の願心が発起した心ですから、仏に成ることは必然です。その意味で、仏道を貫徹するのは自力の菩提心ではなくて、「横超の金剛心」である「横の大菩提心」だけだと証明しているところです。したがって「必得超絶去」の文は、明恵の批判にも応えていて、重要な意味が重なって説かれる部分であると思います。

このように見てきてわかるように、宗祖はこの「三毒五悪段」を、「一心帰命」によって世を超えた真仏弟子の念仏生活と読んでいました。さらにその仏弟子は、弥勒菩薩と「便同」であること、さらに宗祖独自の願力自然と、二双四重の教判を導き出していました。この「真仏弟子」・「便同弥勒」・「願力自然」・「二双四重の教判」を見ると、親鸞教学の核心になる事柄ばかりです。したがって文献学では、後から付け加えられたところとして軽んじられがちですが、親鸞の仏道という思想研究の面から言えば、この「三毒五悪段」以降が『大経』の最も大切な部分であると思います。

＊118　『聖典』五七頁。
＊119　『聖典』六三頁。
＊120　『聖典』七九頁。
＊121　『聖典』八〇頁。
＊122　『聖典』二三六～二三七頁。

第三節　「三毒五悪段」に聞く

　さて、ここからは『大経』の「三毒五悪段」について尋ねてみましょう。三毒とは、あらゆる人間業を害してやまない根源悪の貪欲・瞋恚・愚痴の三つの煩悩のことです。その深さは無涯底《むがいてい》で、衆生の努力でそれを断ち切ることは到底できません。五悪とはこの三毒を本として、念仏生活の中で限りなく溢れ出す、煩悩の具体性を教えるものです。それは殺生《せっしょう》・偸盗《ちゅうとう》・邪淫《じゃいん》・妄語《もうご》・飲酒《おんじゅ》と説かれ、この五悪に人間業の一切の悪を収めて説かれています。したがってこの「三毒五悪段」には、流転生死の迷いの現実が克明に説き出され、その中に世間の道、すなわち五善・五常（仁《じん》・義《ぎ》・礼《れい》・智《ち》・信《しん》）の道が説かれて、廃悪修善《はいあくしゅぜん》の道が併せて教えられているのです。

　まず、釈尊は「三毒五悪段」の総誡《そうかい》として、次のように説きます。

　　仏、弥勒菩薩《みろくぼさつ》・もろもろの天人《てんにん》等に告げたまわく、「無量寿国の声聞《しょうもん》・菩薩、功徳・智慧称説《しょうせつ》すべからず。またその国土は微妙《みみょう》・安楽にして清浄なることかくのごとし。何ぞ力《つと》めて善をなして、道《どう》の自然《じねん》なることを念《おも》いて、上下なく洞達《とうだつ》して辺際《へんざい》なきことを著《あらわ》さざらん。宜《よろ》しくおのおの勤《つと》めて精進《しょうじん》して、努力自《ゆめゆめみずか》らこれを求むべし。必ず超絶《ちょうぜつ》して去《さ》ることを得て、安養国《あんにょうこく》に往生せよ。横《よこさま》に五《ご》悪趣《あくしゅ》を截《き》りて、悪趣自然に閉じん。道《どう》に昇ること窮極《ぐごく》なし。往き易くして人なし。その国逆違《ぎゃくい》せず。自然の牽《ひ》くところなり。

（『聖典』五七頁）

急ぎ世事を捨てて、貴賤《きせん》上下の差別なく願力自然による往生浄土の仏道を求め、それに向かって勤めて精進しなさいと勧めます。そこに「力めて善をなして、道の自然なることを念い」という経文を、慧遠を始めとする聖道の諸師は、三輩章に説かれる発菩提心・修諸功徳等の自力の修行と註釈しています。*123ところが宗祖は、『教行信証』「行巻」に憬興の『述文賛』から、この文の註釈を引用しています。

人聖《きよ》く、国妙《たえ》なり。たれか力を尽くさざらん。善を作《な》して生を願ぜよ。善に因《よ》ってすでに成じたまえり。自ずから果を獲《え》ざらんや。かるがゆえに自然と云《い》う。貴《き》賤《せん》を簡《えら》ばず、みな往生を得しむ。かるがゆえに「著無上下《ちょむじょうげ》」と云う、と。
（『聖典』一八二～一八三頁、傍線筆者）

この文の「因善既成《いんぜんきじょう》」を聖道門のように「善に因ってすでに成ず」と読むのなら、この善は自力の修行になります。ところが宗祖は「善に因ってすでに成じたまえり」と尊敬語を付して「法蔵菩薩の五劫思惟と兆載永劫の修行によって名号が成就された、その名号によって願生せよ。自《おの》ずから果の大涅槃を得ることは自然ではないか」という意味に読み替えています。

この宗祖の読み替えによって、釈尊の総誡の教説の「力めて善をなして」は、「本願力回向の名号を称《とな》え願生しなさい」という意味になります。また「道の自然なることを念い」は、聖道門の読み方とは違って「願力自然の大道」を意味し、「念い」は、本願他力の念仏を「信ずる」という意味に変わるのです。ですから当然のように、「宜しくおのおの勤めて精進して、努力自らこれを求むべし」は、「如来の本願によって浄土往生に勤めなさい」という釈尊の厚い勧励に意味を変えるのです。表向きは聖道門の読むように自力の勧めに見えても、宗祖の訓点に従えば、願力自然の大道としての念仏を勧めてくださっていると仰がれるのです。

この釈尊の総誡が終わると、貪欲が次のように説かれます。

然《しか》るに世人、薄俗《はくぞく》にして共に不急《ふきゅう》の事《じ》を諍《あらそ》う。この劇悪極苦《ぎゃくあくごっく》の中において身の営務《ようむ》を勤めて、もって自《みずか》ら給済《きゅうさい》す。尊《そん》もなく卑《ひ》もなし。貧もなく富もなし。少長男女《なんにょ》共に銭財を憂《うれ》う。有無同然《どうねん》なり。憂思適《うしまさ》に等し。屏営愁苦《びょうようしゅうく》して、念《おも》いを累《かさ》ね慮《おもんぱか》りを積《つ》みて、心《しん》のために走《は》せ使いて、安き時あることなし。

（『聖典』五八頁）

「富める者は富に苦しみ貧しい者は貧しさに苦しむ、しかもそれは尊卑や歳の違いや男女を問わず苦しみに振り回され、生涯走り続けて安まる時がない」と、その教えが始まります。貧しい時には、お金さえあればとしか思いませんが、裕福でも苦しむのですから、お金そのものが問題ではありません。釈尊は銭財に執着する心を教えて、その執着心によって、生涯走り回り安心な時はひと時もないと教えています。要するに、ものと自身に執着する心を本願によって超えよ、と教えるのです。
それに続けて瞋恚の煩悩が説かれますが、煩瑣《はんさ》になるので割愛して、必要なところだけを引用します。この瞋恚の最後に、次のような釈尊の言葉があります。

おのおの強健《ごうごん》の時に曼《およ》んで努力《ゆめゆめ》修善を勤めて精進して度世《どせ》を願え。極めて長生《じょうしょう》を得べし。如何《いかん》ぞ道を求めざらん。安所《いずくん》ぞ待つべき。何の楽しみをか欲《おも》わんや。
（『聖典』六〇頁）

この言葉の前は「愛別離苦《あいべつりく》」が説かれていますので、ここは「愛別離苦から離れて、それぞれが健康な間に、念仏に目覚めて浄土に願生しなさい。浄土に生まれると無量のいのちを得るではないか、どうして仏道を求めないのですか。この世に期待すべきことも、何の楽しみもないではないですか」、このような意味になるでしょう。

先に挙げた釈尊の総誡の文に、「宜しくおのおの勤めて精進して、努力自らこれを求むべし」という言葉がありました。また瞋恚の最後に「努力修善を勤めて精進して度世を願え」と、同じ意味の言葉が繰り返されています。

実は、この二つの文について清沢満之《きよざわまんし》先生が、亡くなる直前に注意しています。先生は、明治三十六（一九〇三）年六月六日にその生涯を終えますが、その五日前に書いた暁烏《あけがらす》敏《はや》宛の最後の手紙の中で、

通常三毒段と申す所にある「宜各勤精進《ぎかくごんしょうじん》努力自求之《ぬりきじぐし》云々」と「努力勤修善精進《ぬりきごんしゅぜんしょうじん》願度世《がんどせ》云々」の二文を眼目と見ましたのです

（『清沢満之全集』〈岩波書店〉九・三〇五頁）

と、この二つの文に「三毒五悪段」の眼目があると指摘しています。

釈尊は衆生の煩悩の生活を教誡して、自力でそれを断つことは難しいから、阿弥陀如来の本願によって願生しなさいと勧めます。この釈尊の大悲が、「三毒五悪段」を一貫して流れています。その止むに止まれない大悲が、この二文に極まっていると見たのだと思われます。

さてこの二文は、清沢先生が言うように貪欲と瞋恚を挟んで、最後の愚痴へと展開します。そうであれば貪欲・瞋恚と愚痴とは、同じ煩悩であっても一線を画している

ことが教えられています。貪欲と瞋恚は、五悪の生活の中で時々反省することができます。ですから、意識にのぼってくる煩悩であると見ることができます。その意味では、第十九・修諸功徳の願に説かれる自力であると見ても、間違いではないでしょう。

しかし、この二つの煩悩も、宿業の身の最奥にある愚痴の無明煩悩に根拠があるのです。それを教えるためなのか瞋恚の終わりに、釈尊は、

人、世間の愛欲の中にありて、独《ひと》り生じ独り死し独り去り独り来《きた》りて、行《ぎょう》に当《あた》り苦楽の地に至り趣《おもむ》く。身《み》、自《みずか》らこれを当《う》くるに、有《たれ》も代わる者なし。

（『聖典』六〇頁）

と説かれます。この辺から、煩悩の全ては一人ひとりの身を根拠にしていて、誰にも代わることができないと、煩悩の問題が深められて宿業の身に収斂していきます。この宿業の身は五悪の生活の土台ですから、土台にまでなっている煩悩は衆生の反省が届かないのです。ちょうど、眼は世界中見えますが、自分の眼だけは見えないような

ものです。つまり、時々意識にのぼる煩悩でも、その根拠は宿業の身なのですから、衆生の反省を超えた愚痴の根本無明に源があると教えています。それが、第二十・植諸徳本の願の問題になるのだと思われます。

果たして愚痴の段になると、人間の反省が届かない煩悩ですから、最初から仏道との関係の中で説かれていきます。そこを見てみましょう。

かくのごとく世人《せにん》、善を作《な》して善を得《え》、道《どう》を為《な》して道を得ることを信ぜず。人、死して更《かえ》りて生まれ、恵施《えせ》して福を得ることを信ぜず。善悪の事、すべてこれを信ぜず。これを然《しか》らずと謂《おも》えり。終《つい》に是《ぜ》することあることなし。（同前）

「世の人々は愚痴の煩悩に覆われていて、善因善果・悪因悪果の因果が信じられない。それは死んでも続くのですが、そんなことがあるはずはないと、因果の道理を終《つい》に認めることはできない」と説かれます。それは「道を為して道を得ることを信ぜず」と言われるように、「仏道を実践して仏に成っていくことを信じない」ことに、その最大の原因があるのです。

この愚痴の段では、三毒の煩悩によって仏道を駄目にすると説かれるところが大切ですが、そこには次のように説かれます。

かくのごときの人、矇冥《もうみょう》抵突《たいとつ》して経法《きょうぼう》を信ぜず。心に遠き慮《おもんぱか》りなし。おのおの意《こころ》を快くせんと欲《おも》えり。愛欲に痴惑《ちわく》せられて道徳を達《さと》らず。瞋怒《しんぬ》に迷没《めいもつ》して財色《ざいしき》を貪狼《とんろう》す。これに坐《つみ》して道を得ず。当《まさ》に悪趣《あくしゅ》の苦に更《かえ》るべし。生死窮《しょうじきわ》まり已《や》むことなし。哀れなるかな。甚《はなは》だ傷《いた》むべし。

（『聖典』六一頁）

この文の意味を取ってみましょう。「このような人は、心が愚かで暗いために、何事にも壁にぶつかって苦しむ。それは、仏道の経法を信じることがないからである。遠き将来に浄土を憶《おも》うことはなく、ただ目の前の快楽だけを貪っている。だから、愛欲に目がくらみ惑わされて、人の道をはずすことさえある。また、瞋恚の海に迷い沈んで、財欲や色欲ばかりを、狼のように貪るのである。そのために、生死出離の仏道を得ることもなく、命終われば、地獄・餓鬼・畜生の三悪趣に更《かえ》って、生死流転を繰り返すばかりである。哀れにも、ただただ、傷ましいではないか」。このような意味になるでしょう。

この文を何度も拝読していますと、真仏弟子釈の最後に宗祖が表明している、悲歎述懐の文を彷彿とさせます。それは次の文です。

誠《まこと》に知りぬ。悲しきかな、愚禿鸞《ぐとくらん》、愛欲の広海に沈没《ちんもつ》し、名利《みょうり》の太山《たいせん》に迷惑して、定聚《じょうじゅ》の数に入《い》ることを喜ばず、真証の証に近づくことを快《たの》しまざることを、恥ずべし、傷むべし、と。

（『聖典』二五一頁）

感動や悲歎という人間の実感は、仏教においては特に大切なものです。しかしその実感も、煩悩の身が土台となっているために、よく考えれば当てにならないものです。宗祖は、自らの実感であっても全て『大経』に返って表明していますので、この悲歎述懐の表明の根拠も、この辺にあるのではないかと推測いたします。

それはここだけに限りません。この「三毒五悪段」と関係していますので、もう一つだけ例を挙げておきましょう。『教行信証』の後序は、「後序」という表記がないために「化身土巻」の跋文と呼ばれることもあります。なぜ後序の表記がないかについては、いまだに定説はありません。そこに次のような文があります。

ここをもって興福寺《こうぶくじ》の学徒、太上天皇《だいじょうてんのう》諱尊成《いみなたかなり》、今上《きんじょう》諱為仁《いみなためひと》聖暦《せいれき》・承元《しょうげん》丁《ひのと》の卯《う》の歳《とし》、仲春上旬《ちゅうしゅんしょうじゅん》の候《こう》に奏達《そうたつ》す。主上臣下《しゅしょうしんか》、法に背《そむ》き義に違《い》し、忿《いかり》を成し怨《うらみ》を結ぶ。（『聖典』三九八頁）

ここにはよく知られた「主上臣下、法に背き義に違し、忿を成し怨を結ぶ」という言葉があります。これは直接的には、承元の法難に連座した宗祖の公憤を表す言葉に見えますが、これも「三毒五悪段」の第二悪の教えに根拠があります。そこには、次のように説かれます。

主上、明らかならずして臣下を任用《にんよう》す。臣下、自在にして機偽《きぎ》端《はし》多し。度《ど》を践《ふ》みて能《よ》く行いてその形勢《ぎょうせい》を知る。位《くらい》にありて正しからざれば、それがために欺《あざむ》かる。（中略）ある時は室家《しつけ》・知識・郷党《きょうとう》・市里《しり》・愚民・野人《やにん》、転《うた》た共に事《こと》に従いて更《たが》いに相《あい》利害す。忿《いか》り怨結《おんけつ》と成り、あるに富みて慳惜《けんじゃく》す。

（『聖典』六八〜六九頁、傍線・中略筆者）

この文の意味を取っておきましょう。「君主は愚かで家臣の忠不忠がわからずに任命し、家臣はそれに付け込んで、思いのままに偽りごとをたくらむ。たまたま忠良な家臣がいても、不忠の家臣に排斥される。それは君主の心が正しくないために、政治は天地の道理に背《そむ》くばかりである。ある時は、一家・友達・郷党・市民・村民などの愚かな者たちが、自分の利益のために他のグループを害して、忿《いか》りはついに怨みにまで結実して、永遠の敵となるのである」。ここをよく読むと、承元の法難を巡る当時の政治のあり様と、聖道門と浄土門との関係が見事に言い当てられていると思われます。宗祖は、この教えを踏まえて「主上臣下、法に背き義に違し、忿を成し怨を結ぶ」と言うのだと思われます。

「化身土巻」は、「三毒五悪段」に説かれる釈尊の教誡に貫かれています。「三願転入」の後には、

しかれば末代の道俗《どうぞく》、善く四依《しえ》を知りて法を修すべきなりと。

しかるに正真の教意に拠《よ》って、古徳の伝説を披《ひら》く。聖道・浄土の真仮《しんけ》を顕開して、邪偽《じゃぎ》・異執《いしゅう》の外教《げきょう》を教誡《きょうかい》す。
（『聖典』三五八頁、傍線筆者）

とあります。さらに「化身土巻」の末巻の最初には、

それ、もろもろの修多羅《しゅたら》に拠《よ》って真偽を勘決《かんけつ》して、外教邪偽《げきょうじゃぎ》の異執《いしゅう》を教誡せば、
（『聖典』三六八頁、傍線筆者）

とあるように、「教誡」という言葉が二回使われます。「邪偽・異執の外教」と「外教邪偽の異執」の批判と教誡、これが「化身土巻」を貫く一つの大きなテーマです。もちろんこれは、「三毒五悪段」の釈尊の教誡を受けたもので、宗祖も聞き取っているのです。

承元の法難は、残念ながら朝廷と聖道門の愚かさが、末法の世の歴史上で顕在化したものです。宗祖は、「化身土巻」に展開する釈尊の教誡が、後序に表される当時の現実相にまで貫いていると見ているのです。ただ今の現実を教誡する釈尊の教えを、

体全体でひれ伏して聞いているのです。だから、「後序」という題を付けずに、「化身土巻」に続く跋文として書かれているのだと思われます。このように宗祖は、感動や悲歎や憤りという実感を、個人の実感として述べているのではありません。全て『大経』に返して表明しているところに、『教行信証』の公性があるのです。

さて、本題の愚痴の課題に戻りましょう。愚痴の煩悩は衆生の反省を超えているためにに、仏道に出遇う以外に知らされることはありません。ですから愚痴の段の全体は、先の文のように、必ず仏道との関係の中で説かれています。ここに、第二十・植諸徳本の願に説かれる衆生を丸ごと救わんとする大悲の発動があるのですが、それは後で尋ねます。

このようにこの「三毒段」は、「宜しくおのおの勤めて精進して、努力自らこれを求むべし」と「努力修善を勤めて精進して度世を願え」という大切な二文で、貪欲と瞋恚を挟んで、その根本煩悩である愚痴へと展開します。このような「三毒段」の釈尊の説法をわが身に主体的にいただいて、宗祖は『一念多念文意』で次のように述べます。

凡夫《ぼんぶ》というは、無明煩悩《むみょうぼんのう》われらがみにみちみちて、欲もおおく、いかり、はらだち、そねみ、ねたむこころおおく、ひまなくして臨終の一念にいたるまでとどまらず、きえず、たえずと、水火二河《しいかにが》のたとえにあらわれたり。（『聖典』五四五頁）

これは直接的には、善導の二河譬の解釈ですが、宗祖は、愚痴の無明煩悩が「われら」の身に満ち満ちている根本煩悩であるとし、ここから「欲もおおく、いかり、はらだち、そねみ、ねたむこころ」という貪・瞋が発《おこ》ると表明します。これも、宗祖が本願の教えに出遇った感動を直接述べたのではなく、それを一旦『大経』に返して、「三毒段」の釈尊の説き方の通りに表明したのだと思われます。

さて、愚痴の段で、人間生活の微に入り細に入り説き至って、釈尊は弥勒と諸天人に、次のように教誡します。

我《われ》今、汝《なんじ》に世間の事《じ》を語る。人これをもってのゆえに、坐《つみ》して道を得ず。当《まさ》に熟《つらつ》ら思い計りて衆悪《しゅあく》を遠離《おんり》すべし。その善の者を択《えら》んで勤《つと》めてこれを行ぜよ。愛欲栄華《あいよくえいが》常に保つべからず。みな当《まさ》に別離《べつり》すべし。楽しむべき者なし。仏の在世に曼《もう》い当《あ》に勤《まさ》めて精進すべし。それ心を至して安楽国に生まれんと願ずることある者は智慧明《みょう》達《だつ》し功徳殊勝なることを得《う》べし。

（『聖典』六二～六三頁）

「世の人はこのような三毒の煩悩に狂《くる》わされて、仏道に進み入ることができないのです。仏の在世に遇った以上は、精進して仏道に立ちなさい。本願力によって安楽国に願生して、無量の功徳を得なさい」。こう釈尊は弥勒に教誡するのです。ここに、「それ心を至して安楽国に生まれんと願ずることある者は智慧明達し功徳殊勝なることを得べし」という、宗祖が真仏弟子釈に引用する文[*124]が出てきます。なぜならこの文に、娑婆のただ中に在りながら、その愚かさを見抜く阿弥陀如来の智慧と浄土の風光を得ることができると説かれているからです。このすぐ後に、先に指摘した「教誡」という言葉が出ますので、「三毒段」がこれで終わるかと思われるのですが、そうではありません。

実は「三毒段」の始めの「宜しくおのおの勤めて精進して、努力自らこれを求むべし」と、瞋恚の最後にあった「努力修善を勤めて精進して度世を願え」という二つの言葉と同じ意味の言葉が、「三毒段」の最後、「五悪段」が始まる前に、もう一度出てきます。それはこの文です。

汝等《なんだち》、宜《よろ》しくおのおの精進して心《しん》の所願を求むべし。疑惑し中悔《ちゅうけ》して自《みずか》ら過咎《かく》を為《な》して、かの辺地七宝《へんじしっぽう》の宮殿《くでん》に生じて、五百歳の中《うち》にもろもろの厄《やく》を受くるを得ることなかれ。

（『聖典』六五頁）

釈尊は「三毒段」の最後に当たって弥勒菩薩に、「あなたたちはそれぞれに精進して一切衆生の根本志願である願生浄土の道を求めなさい。もしも仏智を疑惑して、途中で過《あやま》ちを為して、辺地懈慢の胎生の宮殿に生まれ、そこに五百年止《とど》まるようなことがあってはなりません」と誡めて、この「三毒段」が終わります。

この仏智疑惑と胎生の問題は、明らかに第二十・植諸徳本の願の課題です。ですから、釈尊が「汝等、宜しくおのおの精進して心の所願を求むべし」という大切な言葉を重ねて最後に置き、「三毒段」全体を第二十願の問題に着地させたのは、難思議往生の念仏生活の課題が、最終的には第二十願の問題へ窮まっていくと教えているのでしょう。

弥勒のように仏に成ることが決まっている仏弟子でも、難思議往生という念仏生活においては、煩悩の身が消えるわけではありません。釈尊に教誡されて、初めて問題になるのが第二十願の煩悩です。このような自分で、本当に仏教に適《かな》っているのだろうか。仏教に適うためには、『阿弥陀経』に説かれるように「一心不乱」*125に念仏を称えるしかありません。それが人間の究極的な真面目さであり、良心だからです。

ところが宗祖は、この『阿弥陀経』の「一心不乱」についても、『教行信証』「化身土巻」で隠顕《おんけん》を開きます。そこを見てみましょう。

「顕《けん》」と言うは、経家《きょうげ》は一切諸行の少善を嫌貶《けんぺん》して、善本《ぜんぽん》・徳本《とくほん》の真門《しんもん》を開示し、自利の一心を励まして、難思の往生を勧む。（中略）これはこれこの経の顕の義を示すなり。これすなわち真門の中の方便なり。（『聖典』三四四〜三四五頁、中略筆者）

『阿弥陀経』の表向きの意味は、釈尊が、一切諸行を嫌い善本・徳本の名号を説いて、自力の一心を励まし難思往生を勧めますが、それは「真門の中の方便」であると説かれます。念仏の生活の中で「一心不乱」に念仏を称える、それが人間の究極的な真面目さと良心ですから、ここまでが人間の自力の限界でしょう。この「三毒段」で釈尊は、人間の根源的な自己執着に光を当てます。その救いを実現するのが阿弥陀如来の最終的な課題ですから、『大経』正宗分の最後「開顕智慧段」で、その如来の大悲を開設するのです。それは次に譲りましょう。

＊123　慧遠『無量寿経義疏』・『大正蔵』三七・一一一頁下段。
＊124　『聖典』二四五頁。
＊125　『聖典』一二九頁。

第四節　念仏往生の生活規範

1　『大無量寿経』の生活規範

難思議往生の念仏生活は、煩悩の身を超えたいという意欲を生きることでしょうが、具体的には、どのような生活を送ればいいのでしょうか。一昔前の寺院の生活は質素で、報恩講なども期間中は精進でした。それを伝統的に守ってきましたが、現代ではそれが崩れて、宗教生活そのものがわからなくなっています。「真宗には生活規範がない」などと言う人さえいますが、『大経』の仏道においては、決してそうではありません。そもそも生活規範がないような宗教は、世界中どこを探してもありません。なぜなら、具体的な生活規範がなければ、そんな宗教はこの地上になくてもいいからです。

「三毒五悪段」には衆生の生活の愚かさが説かれますが、その全体を救わんとするのが法蔵菩薩の本願です。ですから釈尊は、本願に生きる者になって三毒を超えよ、と勧めます。『大経』上巻の「勝行《しょうぎょう》段」には法蔵菩薩のご苦労が説かれますが、「勝行段」と下巻の「三毒五悪段」とは、必然的に対応しながら説かれています。「勝行段」の文を見てみましょう。

> 不可思議の兆載永劫《ちょうさいようごう》において、菩薩の無量の徳行を積植《しゃくじき》して、欲覚《よっかく》・瞋覚《しんかく》・害覚《がいかく》を生ぜず。欲想《よくそう》・瞋想《しんそう》・害想《がいそう》を起こさず。色《しき》・声《しょう》・香《こう》・味《み》・触《そく》・法《ほう》に着《じゃく》せず。忍力《にんりき》成就して衆苦《しゅく》を計らず。少欲知足にして、染《ぜん》・恚《い》・痴《ち》なし。三昧常寂《さんまいじょうじゃく》にして、智慧無碍《むげ》なり。虚偽《こぎ》・諂曲《てんごく》の心《しん》あることなし。和顔愛語《わげんあいご》にして、意《こころ》を先にして承問《じょうもん》す。勇猛精進《ゆみょうしょうじん》にして、志願倦《う》むことなし。専ら清白《しょうびゃく》の法を求めて、もって群生《ぐんじょう》を恵利《えり》しき。三宝《さんぼう》を恭敬《くぎょう》し、師長《しちょう》に奉事《ぶじ》す。
> （『聖典』二七頁）

ここに、法蔵菩薩は「欲覚・瞋覚・害覚を生ぜず。欲想・瞋想・害想を起こさず」と、衆生の貪・瞋・痴の煩悩とは異質の真実心で修行したことが説かれています。この法蔵菩薩の真実心で成り立つ本願によらなければ、三毒を超えることはできないと、釈尊が教誡するのです。

その貪欲と異質な心の具体相が、「少欲知足」と説かれます。「欲を少なくして足ることを知る」という意味ですが、比べることを超えた「自体満足《じたいまんぞく》」が仏道の救いです。できるだけ質素に、人や物や地位や名誉から離れ自体満足に立って、教化に命を尽くすことです。しかし、今のような豊かな時代になると、「少欲知足」を表現するのには相当な工夫がいりますが、この世のものへの執着を離れた姿を表現しなければなりません。

瞋恚と異質な心の具体相が、「和顔愛語」と説かれます。朗《ほが》らかな顔をして優しい言葉を掛け合って生きるということです。我われの根本煩悩は、無明です。無明とは真理を知らないことですが、真理を知らなければ結局は、生まれ育った環境によって身についた価値観しかありません。それがぶつかって争いが起こるのですから、育った環境の違いだけでぶつかり合って、究極的には殺人にまでなることがあるのです。如来の智慧で見れば、いかにも愚かしい限りですから、争いを超えるために優しい言葉を掛け合って生きなさいと勧めるのです。

愚痴と異質な心の具体相が、「恭敬三宝」と説かれます。それは根本煩悩である愚痴だけは、仏道との関係でしか自覚できませんから、仏・法・僧の三宝を恭敬しなさいと説かれるのです。これは簡単に言えば、称名念仏と理解しても間違いではないでしょう。

もちろんこれらは、法蔵菩薩の願心ですが、それに生きようとするのが真の仏弟子ですから、その生活目標が「少欲知足」・「和顔愛語」・「恭敬三宝」の三つになるのだと思われます。要するに、称名念仏の智慧（恭敬三宝）によって三毒の煩悩を超えて（少欲知足）、一切の人を如来の子と敬ってねんごろに接しながら（和顔愛語）、浄土に生まれて往く者になりなさい、それが念仏生活、つまり難思議往生の宗教生活であると教えているのです。

果たして宗祖が関東の門弟に送った手紙には、三毒の煩悩を超えよと繰り返し説かれています。例えば『親鸞聖人御消息集《ごしょうそくしゅう》（広本）』第一通には、次のように説かれます。

無明《むみょう》のえいもさめやらぬに、かさねてえいをすすめ、毒もきえやらぬに、なお三毒をすすめられそうろうらんこそ、あさましくおぼえそうらえ。煩悩具足の身なれば、（中略）いかにもこころのままにあるべしともうしおうてそうろうらんこそ、かえすがえす不便《ふびん》におぼえそうらえ。

（『聖典』五六一頁、中略筆者）

ここに誡められているように、「無明の酔いもさめていないのに重ねて酔いを勧め、三毒を勧めることには驚く他はありません。煩悩の身だからそのままでいいと言い合っていることは、どう考えても困ったことです」。これが「世をいとうしるし」[*126]、つまり念仏往生のしるし（証）です。「一心帰命」においては、凡夫のままの救いですからそのままでいいと言うこともできるでしょう、しかし、「一心願生」の場面においては「煩悩の身だからそのままでいいと言い合っていることは、どう考えても困ったことである」と、宗祖は誡めています。この三毒を超えよということを、お手紙で何度も述べるのです。

参考書等では、それは関東の弟子たちの中の造悪無碍《ぞうあくむげ》を誡めるためであると解説されています。それも一つの理由かもしれません。しかし、たとえ造悪無碍がなかったとしても、宗祖はこれを繰り返し門弟に伝えたと思います。なぜなら、『大経』の

「三毒五悪段」に明確に教誡されているからです。念仏者は、自らの煩悩と戦いながら、「人間以上の或者になろうと云う道」、つまり、仏に成る道に立っていかなければなりません。それが『大経』に説かれる、願生浄土の具体的な生活のありようだからです。

『御消息集』の第二通目には、もう一つ「世をいとうしるし」が説かれていますので、それも挙げておきましょう。

としごろ念仏して往生をねがうしるしには、もとあしかりしわがこころをもおもいかえして、ともの同朋《どうぼう》にもねんごろのこころのおわしましあわばこそ、世をいとうしるしにてもそうらわめとこそ、おぼえそうらえ。（『聖典』五六三頁）

このように親鸞は、あらゆる人を如来の子と敬って親しみ合い（和顔愛語）、三毒の煩悩を超えていくことこそ、難思議往生という念仏生活の証なのだと教えています。我われはこの「三毒五悪段」の教えをよく聞いて、それを念仏生活の中で表現していくべきだと思います。

2　浄土の荘厳功徳による生活

これまで「三毒五悪段」と「勝行段」によって、念仏生活の規範を尋ねてきました。そこでは、「少欲知足」・「和顔愛語」・「恭敬三宝」が念仏生活の三つの規範として示されていました。しかし、「三毒五悪段」は願生浄土が説かれている箇所ですから、浄土荘厳との関係でも、その生活が明らかにされていなければなりません。

その浄土を、天親菩薩は『浄土論』で、二十九種荘厳功徳として表します。その中から宗祖は「証巻」で、『論註』の国土荘厳から四つの功徳だけを選んでいます。『浄土論』・『論註』の国土荘厳は、願生者に実現する功徳ですから、これによって念仏生活が内容づけられます。その意味では、「信巻」の「現生十種の益」に相当する功徳と考えることもできます。

この国土荘厳に対して仏荘厳は、衆生をして願生せしめる阿弥陀如来の根源力が明らかにされるところです。ですから、ここでは往相・還相の阿弥陀如来の本願力が明らかにされます。最後の菩薩荘厳は、本願力によって生まれる菩薩、特に浄土から還相する菩薩の教化に焦点が当てられます。国土荘厳は願生者に開かれる功徳、仏・菩薩荘厳は願生を実現する仏・菩薩の功徳。このように国土荘厳・仏荘厳・菩薩荘厳は、それぞれ明らかにする土俵が違いますので、混乱しないように読み込んでいく必要があります。

この違いに注目すれば、宗祖が「証巻」で選んだ四つの功徳に、浄土が開かれた人の念仏生活が表されていることになります。この四つの浄土荘厳によって、大経往生（難思議往生）が、具体的にどのような生活を開くのかを尋ねてみましょう。

第一に「荘厳妙声《みょうしょう》功徳《くどく》成就」が掲げられます。天親が「梵声《ぼんしょう》の悟《さとり》深遠《じんのん》にして、微妙《みみょう》なり、十方に聞こゆ」[*127]と詠うところです。「本願の名号の覚りは深く、世界中に名号の声が響きわたっている」という意味です。宗祖が浄土を説く時に、最初に「名号の声」を掲げるのは、真実報土が本願招喚の声を聞くところにしか開かれないからです。それ以外は観念の浄土であって、本願の名号に帰する以外に、我われを本当に救う浄土はどこにもありません。

ここではそれを、曇鸞の次の引文で表しています。

『経』に言《のたま》わく、「もし人ただかの国土の清浄《しょうじょう》安楽なるを聞きて、剋念《こくねん》して生まれんと願ぜんものと、また往生を得るものとは、すなわち正定聚《しょうじょうじゅ》に入《い》る。」

（『聖典』二八一頁）

「『経』に言わく」の『経』は、『平等覚経』を指しています。ところがこの文は『平等覚経』にはありませんので、曇鸞の取意でしょう。通常は、

剋念生ぜんと願ずれば、また往生を得て、すなわち正定聚に入る。

（『浄全』一・二四三頁下段）

と読むべきでしょうが、宗祖は「剋念して生まれんと願ぜんものと、また往生を得るものとは、すなわち正定聚に入る」と読んでいます。本来、正定聚は、浄土に生まれてから得る位で、必ず涅槃に至るべき位という意味です。それを宗祖は、願生者の信心に先取りして、「現生正定聚」と読むのです。身は凡夫ですから、浄土に生まれてしまうわけではありませんが、本願の信心を因として、果の浄土がはたらき出て、現

生に正定聚に立つのです。本願の名号に浄土が開かれるのですから、「荘厳妙声功徳成就」を第一に掲げるのです。

第二に「荘厳主功徳《しゅくどく》成就」が挙げられます。我われはこの世を生きる時に、何を主としているでしょうか。「三毒段」では、貪・瞋・痴の煩悩に纏《まつ》わるものしか主にできないと説かれます。例えば、財産や地位や名誉、大切な人や愛や良心です。それは大切だと思えても、三毒の煩悩の影ですので、迷いを重ねるだけで何の頼りにもなりません。

この「証巻」では、阿弥陀如来を主とすることができた者の生き方が、次のように説かれています。

もし人ひとたび安楽浄土に生ずれば、後《のち》の時に意《こころ》「三界《さんがい》に生まれて衆生を教化《きょうけ》せん」と願じて、浄土の命を捨てて願に随《したが》いて生を得て、三界雑生《ざっしょう》の火の中に生まるといえども、無上菩提《ぼだい》の種子畢竟《ひっきょう》じて朽《く》ちず。何をもってのゆえに。正《しょう》覚《がく》阿弥陀の善く住持を径《ふ》るをもってのゆえにと。

（『聖典』二八二頁）

阿弥陀如来を本尊とした者は、本願の住持力によって、衆生教化の願いを生きる者になるのです。浄土が開かれなければ、三毒に振り回されて、どちらに向けばいいのか、どこに命を懸けるべきかが決まらずに、迷う他はありません。しかし、ひとたび浄土が開かれれば、阿弥陀如来を主とし、その本願力によって世を超えようとする意欲と、衆生への教化に命を捨てていくと説かれているのです。念仏者は機の自覚が徹底していますので、人間には教化はないとしか言いようがありません。それにもかかわらず、このように説かれるのは、真実を他に伝えたいという願生者の志願として説かれているからです。

この国土荘厳の主功徳と仏荘厳の不虚作住持功徳とは、教化に出ていくという意味では、一見同じ内容が説かれているようにも思われます。しかし、不虚作住持功徳では見仏《けんぶつ》した菩薩が、還相の菩薩になって教化に出ていくのです。この仏・菩薩荘厳は阿弥陀如来の本願力を表しますから、阿弥陀の還相回向と理解すべきです。衆生の志願を説く国土荘厳と混同してはいけません。主功徳の願生者の志願のほうは、「信巻」の「現生十種の益」で言えば、最後の「知恩報徳の益」・「常行大悲の益」*128 に相当すると思われます。この衆生教化の志願に、難思議往生の念仏者の生き方がよく教えられています。

第三に「荘厳眷属《けんぞく》功徳《くどく》成就」が挙げられます。眷属とは如来の親族という意味ですが、それが次のように説かれています。

かの安楽国土は、これ阿弥陀如来正覚浄華《しょうがくじょうけ》の化生《けしょう》するところにあらざることなし。同一に念仏して別の道なきがゆえに。遠く通ずるに、それ四海《しかい》の内みな兄弟とするなり。眷属《けんぞく》無量なり。いずくんぞ思議すべきや。（同前）

悲しいことに我われの世界には、好きか嫌いか、都合が良いか悪いかで、お互いを利用する関係しかありません。しかし浄土へ生まれた者は、必ず如来の覚りの華から生まれますから、如来の親族として生きることになるのです。人間と人間との横の関係ではなくて、如来と独立者としてそれぞれが垂直に結ばれていく。その如来との関係に眼が開かれるのです。

先の宗祖のお手紙でも、「ともの同朋にもねんごろのこころのおわしましあわばこそ、世をいとうしるし」*129と伝えられていました。要するに、如来を中心に人間の関係が見直されてお互いを尊敬し親切な心で接し合うことこそ、難思議往生の証拠なのです。これが「荘厳眷属功徳成就」が挙げられる意義です。

これまで尋ねた三つの荘厳功徳をまとめると、本願の名号に帰して（荘厳妙声功徳成就）、阿弥陀如来の本願の住持力によって三毒の煩悩を超え、衆生を教化したいという志願に生きる（荘厳主功徳成就）。そして、あらゆる人を「ともの同朋」（荘厳眷属功徳成就）として生きていきたいということです。

それが、最後の「荘厳清浄功徳成就《しょうじょうくどく》」の文で締め括られます。

凡夫人《ぼんぶにん》の煩悩成就せるありて、またかの浄土に生まるることを得れば、三界の繫《け》業畢竟《ごうひっきょう》じて牽《ひ》かず。すなわちこれ煩悩を断ぜずして涅槃分《ねはんぶん》を得《う》、いずくんぞ思議すべきや。　（『聖典』二八三頁）

ここの「煩悩を断ぜずして涅槃分を得」るということを、宗祖はそのまま「正信偈」で、よく一念喜愛の心を発《ほっ》すれば、煩悩を断ぜずして涅槃を得るなり。

（『聖典』二〇四頁）

と詠い、また、

惑染《わくぜん》の凡夫《ぼんぶ》、信心発《ほっ》すれば、生死即涅槃なりと証知せしむ。

（『聖典』二〇六頁）

と詠います。この「生死即涅槃」とは、大乗仏教の覚りそのものです。『大経』の難思議往生は阿弥陀如来の浄土に向かう人生ですが、浄土の根源は如来の涅槃の覚りそのものです。宗祖が、「証巻」で清浄功徳をあえて最後に置くのは、難思議往生の念仏生活の全体が、実はそのままで涅槃に向かう人生であると教えるためです。つまり浄土教の往生は、これまで凡夫のための方便の教えのように言われてきましたが、そうではなくて大乗仏教全体が目標にしている、大般涅槃道であると教えているのです。

このように尋ねてきてわかるように、「荘厳妙声功徳成就」に『大経』で尋ねた

「恭敬三宝」を当てることができるでしょう。「荘厳主功徳成就」は、娑婆のあらゆる煩悩を超えて仏道に生きるのですから、「少欲知足」が当てられます。「荘厳眷属功徳成就」には、言うまでもなく「和顔愛語」が当てられます。

そうすると、宗祖が「証巻」で選んだ浄土の荘厳功徳を難思議往生の生活規範として捉え直せば、釈尊が『大経』に説いていたことと同じことを言っていることになります。つまり、浄土が開かれた難思議往生を生きる仏者は、「勝行段」で説かれる法蔵菩薩の本願を生きる真仏弟子と同じ生活規範を生きるのです。

＊126　『聖典』五六二頁。
＊127　『聖典』一三六頁。
＊128　『聖典』二四一頁。
＊129　『聖典』五六三頁。

第六章　群萌の仏道

第一節　「開顕智慧段」

前述したように「三毒五悪段」は、所依の『大経』と旧訳の『大阿弥陀経』・『平等覚経』のみに説かれていますが、この「智慧段」は旧訳の『大阿弥陀経』や『平等覚経』には見ることができません。文献学に詳しくないので、その理由はわかりませんが、「智慧段」が康僧鎧訳の『大経』に加えられたことによって、前の「三毒五悪段」が釈尊の大悲の方便という新しい意味を持つと共に、宗祖にとっては、群萌の仏道を完成させるという重要な意味を開くのです。

釈尊は「五悪段」の教説が終わると、次のように大悲を表明します。

我、汝等《なんだち》諸天人民《にんみん》を哀愍《あいみん》すること父母《ぶも》の子を念《おも》うよりも甚《はなは》だし。今我この世間において作仏《さぶつ》して、五悪を降化《ごうけ》し五痛《つう》を消除し五焼《しょう》を絶滅す。善をもって悪を改《せ》め、生死《しょうじ》の苦を抜きて五徳を獲《え》、無為《むい》の安《あん》に昇らしめん。（『聖典』七八頁）

「あなたがた衆生を哀れみいつくしむことは、世の親がわが子を念うよりもはげしいのです。私は今この世で仏となって五悪を説き、それを教化して五痛を消し、五焼を滅して、迷いに帰ろうとする者を仏道に帰せしめ、生死の苦しみを抜き、仁・義・礼・智・信の五徳を得させて、無為涅槃の安楽な境界に昇らせようと思います」。釈尊はここに説かれる大悲を貫徹するために、『大経』正宗分の最後に、「智慧段」を開顕するのです。それは、「三毒五悪段」の教えでは救われない愚痴（第二十願の機）の救いを、果たし遂げるためだと思われます。これから、それを尋ねてみましょう。

この「智慧段」から対告衆が、弥勒と共に再び阿難が呼び出されます。まず、釈尊は阿難に、

「汝《なんじ》、起《た》ちて更《さら》に衣服《えぶく》を整え合掌恭敬《くぎょう》して、無量寿仏《むりょうじゅぶつ》を礼《らい》したてまつるべし。十方国土の諸仏如来、常に共にかの仏の無着《むじゃく》無碍《むげ》にましますを称揚《しょうよう》し讃歎《さんだん》したまう。」

ここに阿難《あなん》起《た》ちて衣服を整え、身を正しくし面《おもて》を西にして恭敬し合掌して五体を地に投げて、無量寿仏を礼したてまつりて白《もう》して言《もう》さく、「世尊《せそん》、願わくは、

かの仏・安楽国土およびもろもろの菩薩・声聞《しょうもん》大衆を見たてまつらん」と。この語《ことば》を説き已《おわ》りて、すなわちの時に無量寿仏、大光明を放ちて普《あまね》く一切諸仏の世界を照らしたまう。

（『聖典』七九頁）

と、改めて無量寿仏に五体投地して「願わくは、かの仏・安楽国土およびもろもろの菩薩・声聞大衆を見たてまつらん」と要請する阿難に、無量寿仏が一切諸仏の世界を照らして見せるのです。その阿難に釈尊は、次のように問います。

「かの国の人民《にんみん》、胎生《たいしょう》の者あり。汝《なんじ》また見るや、いなや」と。対《こた》えて曰《もう》さく、「すでに見たまえつ」と。「その胎生の者の処《しょ》するところの宮殿《くでん》、あるいは百由《ゆ》旬《じゅん》、あるいは五百由旬なり。おのおのその中にしてもろもろの快楽《けらく》を受くること、忉利天上《とうりてんじょう》のごとし。またみな自然《じねん》なり」と。

（『聖典』八一頁）

阿弥陀仏の前に五体投地した阿難が、それでもなお消え去ることのない自力の執心によって、胎生の者を見たのでしょう。この阿難の答えを聞くと、その胎生の理由を弥勒菩薩が「世尊、何の因、何の縁なれば、かの国の人民、胎生化生なる」*130と質問します。等覚の金剛心を得た菩薩でも、胎生に生まれる理由がわからないのです。その問いに、釈尊が次のように答えます。

もし衆生ありて、疑惑の心をもってもろもろの功徳を修して、かの国に生ぜんと願ぜん。仏智《ぶっち》・不思議智《ふしぎち》・不可称智《ふかしょうち》・大乗広智《だいじょうこうち》・無等無倫最上勝智《むとうむりんさいじょうしょうち》を了《さと》らずして、この諸智《しょち》において疑惑して信ぜず。しかるに猶《なお》し罪福《ざいふく》を信じ善本《ぜんぽん》を修習してその国に生ぜんと願ぜん。このもろもろの衆生、かの宮殿《くでん》に生まれて寿《いのち》五百歳、常に仏を見たてまつらず。経法《きょうぼう》を聞かず。菩薩・声聞聖衆《しょうもんしょうじゅ》を見ず。このゆえにかの国土においてこれを胎生《たいしょう》と謂《い》う。

もし衆生ありて、明らかに仏智、乃至、勝智を信じて、もろもろの功徳を作《な》して信心回向《えこう》せん。このもろもろの衆生、七宝華《しっぽうけ》の中において自然《じねん》に化生《けしょう》せん。跏《か》趺《ふ》して坐《ざ》せん。須臾《しゅゆ》の頃《あいだ》に身相《しんそう》・光明・智慧・功徳、もろもろの菩薩のごとく具足し成就せん。

（『聖典』八一～八二頁）

釈尊が答えた胎生の理由の第一は、「疑惑の心をもってもろもろの功徳を修して、かの国に生ぜんと願ぜん」という説法です。ここに、「修諸功徳《しゅしょくどく》（もろもろの功徳を修して）」とありますので、これは第十九・修諸功徳の願の機を挙げています。

さらに第二の理由は、「しかるに猶し罪福を信じ善本を修習してその国に生ぜんと願ぜん。このもろもろの衆生、かの宮殿に生まれて寿《いのち》五百歳、常に仏を見たてまつらず」と第二十・植諸徳本の願の機が説かれます。このように、弥勒菩薩でもわからなかった胎生の理由を、釈尊が第十九願と第二十願の自力にあると教えるのです。

しかしこの「智慧段」は、「三毒五悪段」からの説法の流れから見ても、信心を獲た人間の自力の執心に課題があると思われます。なぜなら宗祖は、先の釈尊の説法の第十九願と第二十願の文の全体を『浄土三経往生文類』で、第二十・植諸徳本の願成就文と読みます。[*131] それは、第十九願よりも第二十願のほうが無意識に深いので、第十九願を包んで第二十願の成就を見ているからでしょう。要するに、究極的には第二十願の根本煩悩に胎生の理由があると教えているのです。

この第二十願の機の問題性を宗祖は、『教行信証』「化身土巻」の「三願転入」の前に次のように述べています。

おおよそ大小聖人・一切善人、本願の嘉号《かごう》をもって己《おのれ》が善根《ぜんごん》とするがゆえに、信を生ずることあたわず、仏智を了《さと》らず。かの因を建立《こんりゅう》せることを了知することあたわざるがゆえに、報土に入《い》ることなきなり。
（『聖典』三五六頁）

ここでまず注目したいことは、「本願の嘉号をもって己が善根とする」者を「大小聖人・一切善人」と言って、悪人が呼ばれていないことです。第二十願の機は、どこまでも己が善根をたのむ自力作善《さぜん》の善人を言います。称名念仏に邁進することは、人間の最終的な良心です。善いことをする時ほど、奥に潜む罪障性には気がつきません。それが第二十願の機を、善人と言う理由だと思います。

また、「かの因を建立せることを了知することあたわざるがゆえに」という言葉は、宗祖が『無量寿如来会』の第十一願成就文から抜粋したものと考えられます。それには、次のように説かれています。

かの国の衆生、もしは当《まさ》に生まれん者、みなことごとく無上菩提《むじょうぼだい》を究竟《くきょう》し、涅槃の処《ところ》に到《いた》らしめん。何をもってのゆえに。もし邪定聚《じゃじょうじゅ》および不定聚《ふじょうじゅ》は、かの因を建立せることを了知することあたわざるがゆえなり、と。

（『聖典』二八一頁、傍線筆者）

ここに「どうして邪定聚や不定聚になるかと言えば、法蔵菩薩のご苦労による本願によって、浄土が建てられていることを正しく了知していないからだ」と、邪定聚と不定聚の理由が説かれています。この文によって宗祖は、第十九願・第二十願の機を「邪定聚および不定聚」の者と決定して、「報土に入ることなきなり」と言っていることがわかります。

したがって、弥勒に対する釈尊の答えは、本願の名号を聞くことができたとしても、如来の回向をたのまずに、称名念仏を自らの善根に植え替えて、名号の善本・徳本を功徳の本と執着する自力の問題性を指摘していることになります。

善本とは、因の法蔵菩薩の兆載永劫の修行を指しますし、徳本とは、果の阿弥陀如来の救いを指します。第二十願の機とは、「植諸徳本」の願名が示すように、果の如来の救いの徳本までも、自分の手柄に植え直そうとするのです。要するに、自分の救いまで自分で決めようとする自力根性です。それは「一心帰命」の時の機の自覚を忘れて、如来の仕事まで盗もうとする傲慢《ごうまん》さに他なりません。この第二十願の機の信心の正体は、結局は、仏智疑惑の罪であり、罪福を信じる自力の執心であることが知らされます。このように、自力の問題性から言えば、第十九願の自力を包むものであることから、釈尊は第十九願と第二十願とを並べて弥勒に教えたのではないでしょうか。

振り返ると『大経』下巻の始めに、第十九願から第十八願への帰入が説かれていました。それは「雑行を棄てて本願に帰す」*132 という法への転入です。ところが、そこからこの「三毒五悪段」・「智慧段」が説かれますから、念仏に帰すという体験を持ったとしても、いやむしろその凄烈《せいれつ》な体験を持つからこそ、観念によってその体験を私有化し、自分の手柄に植え直すのです。それは、本願の嘉号に備わる善本・徳本を、如来の手から盗み、わが善根と固執して称名念仏の功績を積み重ねることです。第二十願に説かれるように、念仏を「至心回向」して浄土往生を願うことになるのです。

考えてみれば、第二十願に誓われる、

十方の衆生、我が名号を聞きて、念を我が国に係《か》けて、もろもろの徳本を植え

て、心を至し回向《えこう》して、我が国に生まれんと欲《おも》わん。（『聖典』三四七頁）

という真面目さといい、『阿弥陀経』に説かれる、

名号を執持《しゅうじ》すること、もしは一日、（中略）もしは七日、一心にして乱れざれば、（『聖典』一二九頁、中略筆者）

という真剣さといい、第二十願の機は人間のほうから仏道を求めることにおいては、最高の真面目さと真剣さを表現していて、人間の信心（求道心）の極限を表すものでしょう。しかしその真面目さや真剣さは、無意識無涯底の自力の執心に由来する罪ですから、人間のほうからは絶対に超えることはできません。であれば、自らの善根功徳を積み重ねる他にはありませんが、その全体は本願の名号のいわれを聞くことと決定的に異質であり、それが仏道として完成することは絶対にないのです。その罪の深さを「胎生」と言い、宮中で五百歳の間金鎖《こんさ》に繋がれた独りよがりの浄土に止まる他はない、と教えているのでしょう。

したがって次に釈尊は、「もし衆生ありて、明らかに仏智、乃至、勝智を信じて、もろもろの功徳を作して信心回向せん。このもろもろの衆生、七宝華の中において自然に化生せん」と、如来回向の信心によって、蓮華化生《れんげけしょう》の往生を遂げることを教えています。ここでは、邪定聚・不定聚とは異質な正定聚を説いているのです。これは言うまでもなく、第十八・至心信楽の願成就文を表しています。このように第十八願への転入が、蓮華化生と説かれますが、胎生と化生との違いが「明らかに仏智、乃至、勝智を信じ」よと、どこまでも仏智を信じることだけで答えられているのです。

さらに釈尊は、この胎生化生の説法が終わるにあたって、弥勒に次のように説いています。

弥勒、当に知るべし。それ菩薩ありて疑惑を生ずる者は大利《だいり》を失すとす。このゆえに応当《まさ》に明らかに諸仏無上の智慧を信ずべし（『聖典』八三～八四頁）

「疑惑を生ずる者は大利を失す」、つまり、自力の疑惑によって大涅槃の覚りを失うという意味ですが、その言葉と対比して「明らかに諸仏無上の智慧を信ずべし」と、仏智を信ずること一つを勧めて、胎生と蓮華化生との決定的な違いを説き終わるのです。

このように胎生と化生とを分ける分岐点は、他力回向の信心か、それとも自力の信心かの違いです。それをよく了知していた宗祖は、法然門下で「信行両座の決判」と「信心同一の問答」とを敢行したのです。いずれにしてもこの「智慧段」の釈尊の説法は、胎生の理由を問うた弥勒に、第十九願・第二十願・第十八願の順番で、その理由を教えています。宗祖はこの釈尊の説法を主体的に捉え直して、「化身土巻」に「三願転入」を表明します。この「智慧段」の説法だけではわかりにくい、その意味を、この後宗祖の「三願転入」によって尋ねてみたいと思います。

＊130『聖典』八一頁。
＊131『聖典』四七四頁。
＊132『教行信証』後序・『聖典』三九九頁。

第二節　三願転入

1 「三経一異の問答」

宗祖の「三願転入」は、その前に長く説かれる「三経一異の問答」を踏まえて表明されています。なぜかと言うと、そのどちらも「智慧段」の第十九願・第二十願・第十八願という釈尊の説法の順番通りだからです。ただし「智慧段」では、報土の真因が他力の信心に凝集して説かれていますから、宗祖はその釈尊の説法に応えるために、「三経一異の問答」を主体的な自己の信心と捉え直して、「三願転入」を表明するのです。その意味から「三願転入」に言及する前に、「三経一異の問答」のほうの概略を確認しておきましょう。

それは、次のように始まります。

問う。『大本』（大経）の三心《さんしん》と、『観経』の三心《さんじん》と、一異《いちい》いかんぞや。答う。釈家《しゃっけ》（善導）の意《こころ》に依《よ》って、『無量寿仏観経《むりょうじゅぶつかんぎょう》』を案ずれば、顕彰隠密《けんしょうおんみつ》の義あり。「顕」というは、すなわち定散諸善《じょうさんしょぜん》を顕《あらわ》し、三輩《さんぱい》・三心《さんじん》を開く。しかるに二善・三福は報土の真因にあらず、諸機の三心《さんじん》は自利各別にして利他の一心にあらず。如来の異の方便、欣慕《ごんぼ》浄土の善根《ぜんごん》なり。これはこの経の意《こころ》なり。すなわちこれ「顕」の義なり。「彰」というは、如来の弘願《ぐがん》を彰《あらわ》し、利他通入の一心を演《えん》暢《ちょう》す。達多《だった》・闍世《じゃせ》の悪逆に縁《よ》って、釈迦微笑《みしょう》の素懐《そかい》を彰す。韋提《いだい》別選の正意に因《よ》って、弥陀大悲の本願を開闡《かいせん》す。これすなわちこの経の隠彰《おんしょう》の義なり。（中略）良《まこと》に知りぬ、これいましこの経に顕彰隠密の義あることを。二経の三心、将《まさ》に一異を談ぜんとす。善《よ》く思量すべきなり。『大経』『観経』、顕の義に依れば異なり、彰の義に依れば一なり。知るべし。（『聖典』三三二～三三三頁、中略筆者）

「化身土巻」のここまでは、第十九・至心発願の願意の推究ですから、これもその願意を表す『観経』の三心と、『大経』の三心との一異を問うて、なぜ『観経』が説かれなければならないのかを、明らかにするのです。

『観経』の「顕の義」、つまり表向きの義では、「至誠心・深心・回向発願心」の「自利各別」の心を説いていますが、それは釈迦如来の方便として「欣慕浄土の善根」を表して、自力を尽くせと説くのです。「彰の義」、つまり裏に隠れている義では、その自力無効を教えて、他力の一心に導くのです。

そこに自力の悪逆を生きる人間に、『観経』を説かなければならなかった釈尊の大悲の方便があります。その意味で『大経』と『観経』とは、表向きには異なった教説のように見えますが、釈迦如来の真意から言えば、他力の一心を説くことにあると言うのです。

「智慧段」の説法では、第十九・第二十・第十八願の順に説かれていましたが、『大経』下巻冒頭では、第十八願と第十九願の成就文（三輩章）が、隣り合わせに説かれていました。宗祖は、これによって『観経』の三心と『大経』の三心の一異を問うているのですが、すでに尋ねたように、道綽が「三不三信の誨」として早く示唆していたことによると考えられます。

それはまた、善導が教えるように自力を尽くして自力に破れ、『観経』の要門から『大経』の弘願に目覚めることに他なりません。『大経』の法の真実と『観経』の機の課題とは、善導の二種深信が跳躍点となって、自力から阿弥陀の法に目覚めていくのです。その意味で、悪人の往生こそが浄土教の特質です。「達多・闍世の悪逆」と「韋提別選の正意」によって、大聖釈尊は『観経』を説き、弥陀大悲の本願にまで導いてくださった。その釈迦如来の大悲の方便への限りない謝念を表している箇所でしょう。

この思索はさらに、第二十・至心回向の願意を表す『阿弥陀経』の一異の問答へと展開します。

また問う。『大本』と『観経』の三心と、『小本』の一心と、一異いかんぞや。答う。いま方便真門の誓願について、行あり信あり、また真実あり方便あり。「願」とは、すなわち植諸徳本《じきしょとくほん》の願これなり。「行」とは、これに二種あり。一つには善本、二つには徳本なり。「信」とは、すなわち至心回向欲生《ししんえこうよくしょう》の心これなり。「機」について定《じょう》あり散《さん》あり。「往生」とは、これ難思《なんし》往生これなり。「仏」とは、すなわち化身なり。「土」とは、すなわち疑城胎宮《ぎじょうたいぐ》これなり。『観経』に准知《じゅんち》するに、この経にまた顕彰隠密《けんしょうおんみつ》の義あるべし。「顕」と言うは、経家《きょうげ》は一切諸行の少善を嫌貶《けんぺん》して、善本《ぜんぽん》・徳本《とくほん》の真門を開示し、自利の一心を励まして、難思の往生を勧む。ここをもって『経』（襄陽石碑経）には「多善根・多功徳・多福徳の因縁」と説き、『釈』（法事讃）には「九品《くほん》ともに回《え》して、不退を得よ」と云えり。あるいは「無過念仏往西方《むかねんぶつおうさいほう》　三念五念仏来迎《さんねんごねんぶつらいこう》」と云えり。これはこれこの経の顕の義を示すなり。これすなわち真門の中の方便なり。「彰」と言うは、真実難信の法を彰す。これすなわち不可思議の願海を光闡《こうせん》して、無碍《むげ》の大信心海に帰せしめんと欲《おぼ》す。良《まこと》に勧めすでに恒沙《ごうじゃ》の勧めなれば、信もまた恒沙の信なり、かるがゆえに「甚難《じんなん》」と言えるなり。『釈』（法事讃）に、「直ちに弥陀の弘誓《ぐぜい》重《かさ》なれるに為《よ》って、凡夫《ぼんぶ》念ずればすなわち生まれしむることを致《いた》す」と云えり。これはこれ隠彰《おんしょう》の義を開くなり。
（『聖典』三四四～三四五頁）

ここでは『大経』・『観経』の三心と、『阿弥陀経』の一心の一異が問われます。この経は、方便真門の第二十・植諸徳本の願意を説く教えで、本来、顕彰隠密はありません。しかし、今『観経』に準じて顕彰隠密の意味を考えると、「顕の義」では、念仏一つを自力で励む難思往生が勧められますが、これは「真門の中の方便」の教えです。

そこに秘められている「彰の義」は、衆生には信じがたい不可思議の願海を開くことです。その信じがたい一切の衆生を救い遂げなければ仏に成らないという果遂の誓いこそが、この教えの真意です。『法事讃《ほうじさん》』では、第二十・果遂の誓いは「直ちに第十八の弘誓と重なる」と説かれていますから、願力の不思議によって必ず「難思議往生を遂げんと欲う」[*133]という意欲を恵むのです。

もともと『法事讃』の「直《じき》為《い》弥《み》陀《だ》弘《ぐ》誓《ぜい》重《じゅう》」の文は、「直ちに弥陀の弘誓重きが為に」[*134]と読んでいたのですが、宗祖は「直ちに弥陀の弘誓重なれるに為《よ》って」と読み替えています。つまり、植諸徳本の願と至心信楽の願とが重なっていると読むのです。第二十・植諸徳本の願の機は人間の反省を超えた問題ですから、第十八・至心信楽の願の信心の智慧でしか見抜くことはできません。第二十願の機が見抜かれたということは、実はそのままで第十八願の世界にあるのです。そこに「重なれる」と読んで、第二十願と第十八願とが合わせ鏡になっていることを見抜いた、宗祖の択法眼が輝いています。

このような思索を潜《くぐ》って、宗祖は「三経一異の問答」の結論として、次のように述べます。

三経の大綱《たいこう》、顕彰隠密《けんしょうおんみつ》の義ありといえども、信心を彰《あらわ》して能入とす。かるがゆえに『経』の始めに「如是《にょぜ》」と称す。「如是」の義はすなわち善く信ずる相なり。いま三経を案ずるに、みなもって金剛の真心を最要とせり。（中略）大信心海ははなはだもって入《い》りがたし、仏力より発起《ほっき》するがゆえに。真実の楽邦《らくほう》はなはだもって往《ゆ》き易し、願力に藉《よ》ってすなわち生ずるがゆえなり。いま将《まさ》に一心一異の義を談ぜんとす。当《まさ》にこの意《こころ》なるべしとなり。三経一心の義、答え竟《おわ》りぬ。

（『聖典』三四五～三四六頁、中略筆者）

『観経』・『阿弥陀経』に「顕彰隠密の義」があるのは「信心を彰して能入とす」、つまり凡夫を『大経』の他力の信心に導いて、涅槃の覚りに能く入らせんがためであると結論づけます。それは直接には、「智慧段」の胎生と蓮華化生との違いは、信心の純不純に理由があるという、釈尊の説法によります。しかし、それだけではなく法然の、

速やかに寂静《じゃくじょう》無為《むい》の楽《みやこ》に入《い》ることは、必ず信心をもって能入とす、

（「正信偈」・『聖典』二〇七頁）

という教えと重なっているのです。

阿弥陀如来のほうから開かれてくる大信心海は、衆生とは異質ですから、自力の衆生には実に入りがたい。しかし果遂の誓いの願力に藉《よ》るから、そのままで真実報土に生まれることができます。果遂の誓いが説かれていることが、いかに大きいかが思われます。それは大衆の中で浄土の三部経を説き、ひとえに『観経』・『阿弥陀経』に「顕彰隠密の義」を明らかに説いてくださった、大聖釈尊の深い大悲の方便によるのです。自力を生きる他にない凡夫を他力の一心に導き大涅槃の覚りを与える、そのために釈尊は三経を説いてくださったのです。

その釈尊の説く『大経』には第十八願の願意を教えられ、『観経』には第十九願の願意を教えられ、『阿弥陀経』には第二十願の願意を教えられて、凡夫のままで真実報土の中に在るという他力の一心へ導かれていくところに、釈迦如来の大悲を仰いでいるのです。

2　能入の信

ここで、先ほど触れた「信心を彰して能入とす」という能入の信について考えてみましょう。能入の信は、『選択集』の三心章の文がもとになっています。

次に深心《じんしん》とは、いわく深信の心なり。まさに知るべし、生死の家には疑をもって所止となし、涅槃の城には信をもって能入となす。かるがゆえに今二種の信心を建立して、九品《くほん》の往生を決定《けつじょう》するものなり。

（『真聖全』一・九六七頁）

これは善導の『観経疏』三心釈の二種深信の文を、法然が『選択集』の私釈で読み替えた文章です。

もともとの善導の二種深信の文は、以下のように述べられています。

「二者深心《にしゃじんしん》」。「深心」と言うは、すなわちこれ深信《じんしん》の心なり。また二種あり。一つには決定《けつじょう》して深く、「自身は現にこれ罪悪生死《ざいあくしょうじ》の凡夫《ぼんぶ》、曠劫《こうごう》より已来《このかた》、常に没《もっ》し常に流転《るてん》して、出離《しゅつり》の縁あることなし」と信ず。二つには決定して深く、「かの阿弥陀仏の四十八願は衆生を摂受《しょうじゅ》して、疑いなく慮《おもんぱか》りなくかの願力に乗じて、定《さだ》んで往生を得《う》」と信ず。（『聖典』二一五～二一六頁）

この二つの文を見比べるとわかるように、機の深信を「生死の家には疑をもって所止となし」、法の深信を「涅槃の城には信をもって能入となす」と読み替えるのです。

そもそも三心釈は、これまで確かめてきたように『観経』でも重要な箇所で、自力無効を決定して『大経』の本願の世界に開眼させるところです。善導はそれを二種深信として表明するのですから、特に大切なところです。その機の深信を、法然は「本願を疑う自力の心」、つまり『大経』の「仏智疑惑」に収斂させます。また四十八願による往生を、往生ではなく「涅槃の城」と表します。要するに、善導の『観経』による往生浄土を、法然は『大経』の教説に則して「仏智疑惑」と「大涅槃」と読み替えるのです。二種深信のように、機の深信が先で法の深信へという次第を無視して、法然は「仏智疑惑のままで、大涅槃に包まれているから、命終われば必ず仏に成る」と言っているのです。

『選択集』は念仏一つを掲げて浄土門を独立させた宣言書ですから、全編、称名念仏を表に立てています。しかし称名念仏を絶対の行たらしめるのは、本願の信心です。これがなければ聖道門の修行と浄土門の念仏とは、相対的な比較の中で、どちらが優れているかという世俗の議論に転落します。おそらく親鸞は『選択集』を書写した時に、いち早くこの箇所に注目して、ここを中心に師資相承の議論が展開したと推測されます。この文を中心に激論して行信不離の終着点から逆に、浄土宗独立のためには『観経』の称名念仏によらねばならないこと、念仏によって凡夫が救われる本願の道理は『大経』の信心によらねばならないことが確認されたのです。師資相承を通して、子弟の役割と責任とが、改めて明確にされたのでしょう。

親鸞が言うように、『観経』は第十九願と第十八願との関係を説いて、『大経』の本願力に目覚めさせるための要門の経典です。つまり、第十九願の自力から第十八願の他力へという回心を目標として説かれています。それに対して『阿弥陀経』は、回心から始まる往生の念仏生活において、衆生の意識を超えた深い自力性が、如来のほうから第二十願の仏智疑惑の問題として顕わにされるのです。この仏智疑惑の衆生をどう救うのかが、『大経』の最終課題です。ですから、第二十願の機を第十八願の本願力によって丸ごと果遂して、『大経』の群萌の仏道が完成するのです。

要するに『観経』では、第二十願の仏智疑惑までは問題にできないのです。これを問題にできるのは、

大涅槃《だいねはん》を証することは、願力の回向に籍《よ》りてなり。

（『教行信証』「証巻」・『聖典』二九八頁）

という、大涅槃からの信心の智慧による他はありません。二種深信を読み替えた法然の「生死の家には疑をもって所止となし、涅槃の城には信をもって能入となす」という文章は、仏智疑惑の衆生を丸ごと救うのは、大涅槃へ能入する『大経』の回向の信心しかないことを教えているのです。親鸞が瞠目《どうもく》の思いをもって、生涯の師と感佩《かんぱい》した理由もここにあると思われます。

さて、法然は、我われが生死を離れることができないのは、阿弥陀如来の本願を疑

う衆生の仏智疑惑の本性によるからであり（「化身土巻」の「三経一異の問答」・「三願転入」の課題）、この凡夫の目覚めを内に包んで丸ごと救う他力の信心は、大涅槃に能入している（「信巻」の「三心一心問答」の課題）『大経』の信心であると明確に掲げたのでした。衆生の反省を超えた『大経』の信心の澄明《ちょうめい》さを言い当てた、見事な了解ではないでしょうか。

ここで法然が言う「涅槃の城には信をもって能入となす」は、もと『大智度論《だいちどろん》』に出てくる、

経の始めに如是《にょぜ》と称するは、信を彰《あらわ》して能入とす。（『大正蔵』二五・六三頁上段）

という言葉です。これは「全ての経典が、「如是我聞《にょぜがもん》」や「我聞如是」で始まるのは、釈尊の教えに対する仏弟子の信頼が表明されているから」という意味です。経典を述べる前提に、仏弟子の信頼があるというわけですから、この信心には特別な意味が託されているわけではありません。普通一般的に使う信という意味です。

ですから『大智度論』では、この言葉が以下のように解説されています。「信がな

ければ釈尊の仏教は成り立たない。十信、十住、十行、十回向、十地、等覚、妙覚と、菩薩の五十二位として説かれる菩薩道も十信の信心から始まる。また十信に至らない未入位の者であっても、信は仏道の全てを成り立たせるための出発点であり、仏道の大前提である」。

このように『大智度論』では、仏道の前提としての信心が説かれています。なぜなら、釈尊への信頼がなければ、修行することもないからです。さらに、その意味を補強するために、「信心は手のようなもので、法の宝を掴むことができる手段である」と説かれます[*135]。このように、信がなければそもそも仏教は始まらない、信心こそ仏果に至るための大前提であると捉えられているのです。

ところが曇鸞は、『大智度論』の「信を彰して能入とす」という文を、『論註』巻末の全ての註釈が終わった後に引用するのです。そこには次のように記されています。

無量寿修多羅憂婆提舎願偈《むりょうじゅしゅたらうばだいしゃがんげ》略して義を解《げ》し竟《おわん》ぬ
経の始めに如是と称するは、信を彰して能入とす。末《すえ》に奉行《ぶぎょう》と言うことは、服膺《ふくよう》の事《じ》を表し已《おわ》りぬ。論の初めに帰礼《きらい》することは、宗旨《しゅうし》、由《ゆえ》あることを明かす。終わりに義竟と云うは、所詮の理を示し畢《おわ》りぬ。述作の人、殊にここにおいて例をなすと。

（『真聖全』一・三四八頁）

「これで、無量寿経憂婆提舎願生偈の註釈を終わりました。経典の始めに「如是我聞」と言うのは、信によって仏法の大海に入ることです。その終わりに奉行と言うのは、その教えをよく身に着けたということです。それと同じように『浄土論』も、最初に「世尊我一心」と釈尊の『大無量寿経』に帰礼し、最後に「義竟」と経典の覚りを表し終わるのです。経典と論とは作った人は違っても、それが一つとして受け止められた、よい例です」という意味です。

『論註』は、「謹んで龍樹菩薩の『十住毘婆沙』を案ずるに」*136から始まります。その註釈が終わった最後に、また龍樹の『大智度論』が引用されます。『論註』本文では、龍樹の他力易行の信心は本願力回向の信心であり、その信心によって大涅槃の覚りに包まれることを証明しています。

曇鸞はそれを証明し終わった後に『大智度論』の文を引用するのですから、先に述べた一般的な信の意味を換骨奪胎《かんこつだったい》して、他力の一心と決定したのです。つまり、一般の大乗仏教で言われるような前提としての信心ではなく、龍樹以来伝統されている本願の信心、つまり大涅槃に能入し、そこに仏道の全てが実現する他力の信心と捉え直しているのです。

このように『大智度論』から『論註』へという思想史の中で、「信を彰して能入とす」という重要な文を、法然は『選択集』三心章の深心釈に示しています。そして、善導の二種深信こそ、涅槃に能入する他力の信心であると説いているのです。ですから、法然の「生死の家には疑をもって所止となし」のほうは、『観経』による機の推究を統摂した言葉であり、「涅槃の城には信をもって能入となす」のほうは、龍樹・曇鸞・法然と伝統された『大経』の大涅槃の系譜であることがわかります。

この能入の信の文章を、宗祖は『教行信証』「信巻」の「三心一心問答」の信楽釈に引用します。これによって、如来の本願の信楽が衆生の信心にまでなって、凡夫を如来の大涅槃に包むことを明らかにしているのです。

『論註』に曰《い》わく、「如実修行相応《にょじつしゅぎょうそうおう》」と名づく。このゆえに論主建《ろんじゅはじ》めに「我一心《がいっしん》」と言《のたま》えり。已上

また言わく、経の始めに「如是《にょぜ》」と称することは、信を彰《あらわ》して能入とす。已上
（『聖典』二三二頁）

まず「なぜ凡夫が涅槃の覚りに包まれるのかと言えば、法蔵菩薩の如実修行のご苦労によるからである。だから天親がまず建《はじ》めに如来回向の信心を「我一心」と表明している」と述べられます。その次に『論註』の最後の『大智度論』の文を引用しますが、これが法然から、大涅槃へ能入する信心を教えられた文なのです。

「三心一心問答」と同じように、「化身土巻」の「三経一異の問答」にも能入の信が述べられていました。それを見てみましょう。

三経の大綱《たいこう》、顕彰隠密《けんしょうおんみつ》の義ありといえども、信心を彰《あらわ》して能入とす。かるがゆえに『経』の始めに「如是《にょぜ》」と称す。「如是」の義はすなわち善く信ずる相なり。
（『聖典』三四五～三四六頁）

この文の意味は次のようです。「三経には、表向きの顕の意味と、隠された彰隠密

の意味がありますが、究極的には大涅槃へ能入する他力の信心が説かれています。ですから、経典の始めに「如是」と説かれるのです。「如是」とは善く信じる姿です」。

このように『教行信証』の二つの問答に能入の信の文を配置するということは、師に教えられた『大経』の信心によって、宗祖の己証が開かれたことを示唆しているのです。『大智度論』→『論註』→『選択集』→『教行信証』。宗祖の己証が、このような系譜を受けて開かれることをよく承知していなくてはなりません。この重要な言葉で「三経一異の問答」が結ばれますが、これを受けて、宗祖が、三経の往生の道筋を主体的に表明し直したものが、いわゆる「三願転入」です。

3　三願転入

宗祖は「三願転入」を表明するに当たって、まずご自身の悲歎述懐を述べられます。その文を見てみましょう。

悲しきかな、垢障《くしょう》の凡愚《ぼんぐ》、無際より已来《このかた》、助・正間雑《けんぞう》し、定散心雑するがゆえに、出離その期《ご》なし。自ら流転輪回《るてんりんね》を度《はか》るに、微塵劫《みじんごう》を超過すれども、仏願力に帰しがたく、大信海に入《い》りがたし。良《まこと》に傷嗟《しょうさ》すべし、深く悲歎《ひたん》すべし。おおよそ大小聖人・一切善人、本願の嘉号《かごう》をもって己《おのれ》が善根《ぜんごん》とするがゆえに、信を生ずることあたわず、仏智を了《さと》らず。かの因を建立《こんりゅう》せることを了知することあたわざるがゆえに、報土に入ることなきなり。

（『聖典』三五六頁）

この悲歎の前半は、「定散心雑するがゆえに、出離その期なし」と、第十九願の自力に対する懺悔が述べられます。後半は「本願の嘉号をもって己が善根とするがゆえに、信を生ずることあたわず」と、第二十願の自力の懺悔が述べられています。

先にも述べたように、『大経』下巻の冒頭には、第十八願と第十九願が背中合わせに説かれて、自力雑心《ざっしん》から他力への翻りが説かれていました。さらに正宗分最後の「智慧段」になると、回心後の衆生の課題が、第十八願の智慧に照らされた第二十願の自力の執心として押さえられていました。このように第十八願の信心の智慧は、第十九願と第二十願のどちらも照らしているのです。ですから宗祖は、宿業の身について、第十九願の懺悔と第二十願の懺悔とを『大経』の通りに分けて表白しているのです。

さて宗祖は、この二つの願の懺悔の身を基礎にして、「三願転入」の表白をします。

ここをもって、愚禿釈《ぐとくしゃく》の鸞《らん》、論主《ろんじゅ》の解義《げぎ》を仰ぎ、宗師《しゅうし》の勧化《かんけ》に依って、久しく万行・諸善の仮門《けもん》を出《い》でて、永く双樹林下《そうじゅりんげ》の往生を離《はな》る、善本《ぜんぽん》・徳本《とくほん》の真門に回入《えにゅう》して、ひとえに難思往生《なんしおうじょう》の心を発《おこ》しき。しかるにいま特《まこと》に方便の真門を出《い》でて、選択《せんじゃく》の願海に転入せり、速やかに難思往生の心を離れて、難思議往生《なんしぎおうじょう》を遂げんと欲《おも》う。果遂《かすい》の誓い、良《まこと》に由《ゆえ》あるかな。ここに久しく願海に入《い》りて、深く仏恩《ぶっとん》を知れり。至徳を報謝せんがために、真宗の簡要《かんよう》を摭《ひろ》うて、恒常に不可思議の徳海を称念す。いよいよこれを喜愛し、特《こと》にこれを頂戴《ちょうだい》するなり。

（『聖典』三五六〜三五七頁）

この表明を見ますと、第十九・双樹林下往生から第二十・難思往生への回入が説かれ、さらにそこから難思議往生への転入が説かれています。つまり、釈尊の「智慧段」の教説の通りの順番で、第十九・第二十・第十八の機の三願が並べられているのです。

この「回入」について、宗祖は『尊号真像銘文』に、次のように述べています。

「凡聖逆謗斉回入《ぼんしょうぎゃくほうさいえにゅう》」というは、小聖《しょうしょう》・凡夫《ぼんぶ》・五逆《ごぎゃく》・謗法《ほうぼう》・無戒《むかい》・闡提《せんだい》みな回《え》心《しん》して、真実信心海に帰入しぬれば、衆水の海《かい》にいりて、ひとつあじわいとなるがごとしとたとえたるなり。

（『聖典』五三二頁）

ここで言われるように「回入」とは、自力から他力へ翻る「回心」のことです。また、その信心は「ひとつあじわいとなるがごとし」と譬えられるように、一如の真実に包まれた体験を言うのです。それは第十九願の自力から第十八願の他力への翻り、つまり「真実信心海」という法の世界への目覚め、超世を意味しています。

それを『大経』に返して尋ねると、下巻冒頭の第十八・至心信楽の願成就文と三輩章、つまり第十九・修諸功徳の願成就文とが隣り合わせに説かれているところに表されていました。その具体相はすでに述べた通り、釈尊と阿難との出遇いであり、宗祖が「雑行を棄てて本願に帰す」と表明する、法然との出遇いの体験でもあります。ここでは、「帰命尽十方無碍光如来」と相対分別が破られて、凡夫のままで無碍光如来の真実（大涅槃）に包まれたという大きな目覚めを得ます。ですから、比べる必要のない自体満足の大安心を得るのです。

この超世の体験は、先の宗祖の悲歎述懐によれば、第十九願の機の懺悔に貫かれています。人間のほうから如来の世界へは、絶対に橋が架からないという自力無効の懺悔です。この第十九願の機と、それとは異質な一如の真実とを結ぶものが、第十八願の本願成就の信心です。衆生と如来、この異質なものを本願成就の信心が結び、本願の道理によって如来の世界を開くのです。

ところが、大いなる救いの体験を持ったとしても、煩悩の身が消えるわけではありません。回心後の難思議往生という念仏生活の中で、いつも頭をもたげてくるのが三毒五悪の煩悩の問題です。「三毒五悪段」では、その生活が実にリアルに説かれて、釈尊に教誡されていました。反省できるものは努力しなければなりませんが、その煩悩は無涯底に深いから、止めようがありません。先の宗祖の悲歎述懐によれば、この第二十願の機の懺悔が「本願の嘉号をもって己が善根とする」と述べられていました。自分が救われた仏教を観念化し絶対化する執着心によって、救われたことまで自分の手柄に植え直すのです。回心によって我執を超えても、無涯底の煩悩が、念仏生活の中で法執に形を変えて頭をもたげてくると言っても間違いではないでしょう。

大乗仏教は、法執を超えるという世界のどの宗教にもない課題を持っています。自分の宗教を絶対化し多くの人をも殺すのが、残念ながら他の宗教の現実ですが、その克服が大乗仏教の持つ特質です。その課題が浄土真宗では、第二十願の懺悔に託されているのです。この懺悔によって自身の宗教の絶対化を超えて、群萠の一人になって宿業の大地に帰るのです。

宗祖が、この深い執着心を初めて明確に自覚した体験が、佐貫での三部経千部読誦の体験であったと思われます。ところが、この四十二歳の時の体験を思い出したのは、風邪を引き、夢に『大経』の言葉が一字一句出てきたという五十九歳の時です。十七年前に超えたと思っていた自力の執心が、夢の中でまたもや繰り返されたのです。その時宗祖は、

されば なおも少し残るところのありけるや。人の執心《しゅうしん》、自力の心《しん》は、よくよく思慮《しりょ》あるべしと思いなして後《のち》は、経読むことは止《とどま》りぬ。

（『恵信尼消息』五・『聖典』六一九～六二〇頁）

と述べています。つまり、人の執心は命終わるまで消えることなく、人生の様々な場面でその都度頭をもたげて、先の第二十願の懺悔に立ち返らせるのです。その意味でこの懺悔は、ただ一度だけというわけにはいきません。

ところが第二十願は、『大経』でも「智慧段」に説かれていたように、仏の智慧でしか見抜けない罪です。これは第十八願の信心の智慧でしか見抜けないのですから、第二十願の懺悔が起こったということは、そのままですでに第十八願の如来の世界に包まれているのです。そのことを、宗祖は『法事讃』の文を読み替えて、第十八願と第二十願とが「重なっている」と表明したのです。

その意味で言えばこの第二十願は、衆生を完全に群萌の一人に帰らせる願だと思います。それも観念としてではなく、具体的な三毒五悪の煩悩の事実によって、その都度徹底的に群萌に帰らせるのです。しかもそのままが、如来の一如の世界に在るのです。つまり、徹底して群萌の一人に帰りきって、手放しでただほれぼれと願海を仰ぐ者になるのでしょう。それを果遂するために第二十願と第十八願が、紙の裏表のように一つとして説かれるのだと思われます。ですから、『大経』では正宗分最後の「智慧段」で、群萌を救う仏道が完成するのです。

宗祖のこの第二十願から、第十八願への転入の最初に、「しかるにいま特に《まこと》」という言葉が冠せられています。この言葉は、念仏生活の中の特定の時間を示すのでしょうが、永遠の今として、何度でも願海へ転入すると教えているのでしょう。つまり、煩悩の身の念仏生活は、縁によって幾度も自力の執心が頭をもたげ、その度に懺悔させられます。その懺悔自体は娑婆の時間として繰り返されますが、その都度そのままでほれぼれと願海を仰ぐという、永遠の今という時でもあるのです。それを表す言葉が、「しかるにいま特に」という言葉だと思われます。

このように、真仏弟子であっても煩悩の身ですから、第二十願の機をはずすことはできません。ですから「しかるにいま特に方便の真門を出でて、選択の願海に転入せり、速やかに難思往生の心を離れて、難思議往生を遂げんと欲う」と、第十八願の往生が衆生の意欲として表されるのです。第十八願に転入したからと言って、機までも第十八願の機になるのではありません。第十八願に照らされた機の懺悔が、第十九願と第二十願の懺悔になっているのはそのためです。

その第十八願への転入を果たし遂げてくださった願こそ、第二十の果遂の誓いですから、宗祖は「果遂の誓い、良《まこと》に由《ゆえ》あるかな」と、大悲の方便に対して甚深無量の謝念を述べるのです。この第二十・果遂の誓いがあればこそ群萌に帰りきり、そのまで「願海に転入」させられるのです。
その宗祖の感動が詠われている『浄土和讃』を見てみましょう。

至心回向欲生《ししんえこうよくしょう》と
　十方衆生を方便し
名号の真門ひらきてぞ
不果遂者《ふかすいしゃ》と願じける
果遂《かすい》の願によりてこそ
釈迦《しゃか》は善本徳本《ぜんぽんとくほん》を
弥陀経《みだきょう》にあらわして
　一乗の機をすすめける
定散自力《じょうさんじりき》の称名は

果遂《かすい》のちかいに帰してこそ
おしえざれども自然《じねん》に
真如《しんにょ》の門に転入《てんにゅう》する
（『聖典』四八四頁）

最初の和讃は、第二十・果遂の誓いの願意が詠われています。

たとい我、仏を得んに、十方の衆生、我が名号を聞きて、念を我が国に係《か》けて、もろもろの徳本《とくほん》を植《う》えて、心を至し回向《えこう》して我が国に生まれんと欲《おも》わんに、果遂《かすい》せずんば、正覚を取らじ。
（『聖典』一八頁）

この願が、第二十・果遂の誓いです。その願意は、衆生が名号を聞いて仏に成ることまで自力で植え直すのですが、それを認め自力の至心回向を勧めて、その人を救い取らなければ正覚を取らないと誓っているのです。自力を離れることができない我われにとって、この願があったからこそという宗祖の感動が伝わってきます。

二つ目の和讃は、釈尊が果遂の願によって『阿弥陀経』を説いて、一乗の機になることを勧めることが詠われています。それは、仏教がわかってもわからなくても自力の執心から逃れることはできないという、群萌の一乗・宿業の大地に帰ることだと思います。

三つ目の和讃は、自力の抜けない衆生の称名念仏が果遂の誓いに帰するからこそ、如来のほうから「能令速」と願力自然に一乗真実に転入せしめられると詠われます。第二十願と第十八願とが、紙の裏表のように重なっていることが詠われた和讃だと思われます。

「三願転入」の後で宗祖は、

ここに久しく願海に入《い》りて、深く仏恩《ぶっとん》を知れり。至徳を報謝せんがために、真宗の簡要《かんよう》を摭《ひろ》うて、恒常に不可思議の徳海を称念す。いよいよこれを喜愛し、特《こと》にこれを頂戴《ちょうだい》するなり。（『聖典』三五六～三五七頁）

と、釈迦・弥陀二尊の恩徳を知り、本願の名号のご恩に報いるために、真宗の簡要を著わしたいという、『大経』の仏道の立教開宗にも匹敵する表明をして、この「三願転入」を終わるのです。

この宗祖の「三願転入」の表明は、「智慧段」の釈尊の説法の通りに三願が並べて説かれていました。文章の当面から言えば、第十九・双樹林下往生↓（回入）第二十・難思往生↓（転入）第十八・難思議往生と平面的で一続きに読めます。しかし、そこに込められた宗祖の意図は、『大経』の下巻の教えの全体をわが身にいただいて表明したものでした。

くどいようですが、下巻冒頭の一心帰命を表すところ、つまり第十九願から第十八願への回心（「雑行を棄てて本願に帰す」）と、回心後の「智慧段」の難思議往生を表すところ、つまり第十八願と第二十願とが重なって説かれているところとが、複合的に同時に表明されています。その意味で「三願転入」は、平面的に読むのではなく、『大経』下巻の教説を通して、第十八願と第十九願、さらには第十八願と第二十願というように、そこに信心の立体的な構造を読み取るべきだと思われます。

＊133　『教行信証』「化身土巻」・『聖典』三五六頁。
＊134　『浄全』四・二一五頁下段。

＊135　『大正蔵』二五・六三頁上段。
＊136　『聖典』一六七頁。

第三節　真の仏弟子

明恵のように観念の仏教であれば、行と信は分けてしか考えられませんが、真宗においては行信不離です。名号の光明無量に帰すとは、身のほうが先に五体投地しますから行・信という次第で説かれます。しかもそれが「念仏もうさんとおもいたつこころ」[137]と、行信が一つとして表されます。ですから、『教行信証』の「行巻」と「信巻」は平面的に読むのではなく、重層的に読まなくてはなりません。「行巻」の後半の中心課題は、何といっても「誓願一仏乗」[138]です。「信巻」の後半の中心課題は、標挙で「正定聚の機」[139]と表されますから、真仏弟子釈です。その二つが重なるのですから、宗祖は、「誓願一仏乗」という如来の一如の世界を生きる者、それを「真の仏弟子」と表現していることになります。

『大経』の信心の核心を、浄土教的に表現すれば先に尋ねた「三願転入」です。それが第二十願と重なって「難思議往生を遂げんと欲う」と、第十八願の往生へ収斂して説かれていました。この浄土教の往生の概念で一貫するならば、「行巻」は「誓願一仏乗」ではなく、「[*140]真仏土巻」に『論註』の清浄功徳・量功徳・性《しょう》功徳・不虚作住持功徳が挙げられますから、阿弥陀の真仏土を表す浄土荘厳を挙げればよいのではないでしょうか。「信巻」は「正定聚の機」を、第十八願の難思議往生という視点で詳説すれば、十分だったのではないでしょうか。それを往生ではなくて、必ず滅度（大涅槃）に至るものとして解説するのです。

さらに宗祖は、前の和讃でも、

果遂の願によりてこそ
釈迦は善本徳本を
弥陀経にあらわして
一乗の機をすすめける

（『聖典』四八四頁）

と、果遂の誓いは、一切衆生を誓願一仏乗の機へと誘う方便なのだと詠います。「一仏乗」とは『法華経』を始めとする聖道門の究極目標ですから、『教行信証』は浄土の仏道を、大乗仏教の概念に戻して表現しようとする著作であることがよくわかると思います。

それを踏まえて、真仏弟子釈を見てみましょう。そこには次のように記されます。

「真仏弟子」と言うは、「真」の言《ごん》は偽《ぎ》に対し、仮《け》に対するなり。「弟子」とは釈迦《しゃか》・諸仏の弟子なり、金剛心《こんごうしん》の行人《ぎょうにん》なり。この信・行に由《よ》って、必ず大涅槃を超証《ちょうしょう》すべきがゆえに、「真仏弟子」と曰《い》う。（『聖典』二四五頁）

ここには、浄土教を表す言葉を一切見ることができません。「真仏弟子」も、「金剛心の行人」と「必《ひっ》可《か》超証《ちょうしょう》大《だい》涅槃《ねはん》」という大乗仏教の用語で定義して、仏道を大般涅槃道として表そうとしています。しかし宗祖は、法然から念仏往生の仏道を継承し、それを三往生の転入として表しているわけですから、その往生浄土と大般涅槃道とはどのような関係になっているのでしょうか。以下、少しその意味を尋ねてみましょう。

「真仏弟子」は、善導の『観経疏』「散善義《さんぜんぎ》」に、

「仏教に随順し、仏意に随順す」と名づく。これを「仏願に随順す」と名づく。
これを「真の仏弟子」と名づく。
（『聖典』二一六頁）

とあります。この文によって宗祖は、「弟子」とは「釈迦・諸仏の弟子」と言うのです。「仏教に随順し、仏意に随順す」が釈迦・諸仏の教えに従うことですし、それは根源仏の阿弥陀如来の「仏願に随順す」ることでもありますから、釈迦・諸仏の教えによって如来の本願を生きる者、それを「金剛心の行人」と言うのです。

真仏弟子釈の「偽に対し、仮に対する」の「偽」とは、「化身土巻」末巻に、

それ、もろもろの修多羅《しゅたら》に拠《よ》って真偽を勘決《かんけつ》して、外教邪偽《げきょうじゃぎ》の異執《いしゅう》を教誡せば、
（『聖典』三六八頁）

と言われる「六十二見、九十五種の邪道」[*141]のことです。宗祖はそれを『正像末和讃』で、次のように詠います。

外道《げどう》梵士《ぼんじ》尼乾志《にけんじ》に
　こころはかわらぬものとして
如来の法衣《ほうえ》をつねにきて
一切鬼神《きじん》をあがむめり
かなしきかなやこのごろの
和国の道俗《どうぞく》みなともに
仏教の威儀《いぎ》をもととして
天地の鬼神を尊敬《そんきょう》す
（『聖典』五〇九頁）

内心は外道であっても、如来の法衣を身につけて仏弟子として生きる者を、「偽《ぎ》の仏弟子」と言うのでしょう。

もう一つの「仮《け》」とは、「化身土巻」で問題にされていたように、自力の聖道門と浄土門内の定散の自力に立つ仏弟子を言うのです。

「金剛心の行人」の「金剛心」については、次の文に説かれています。

「能生清浄願心《のうしょうしょうじょうがんしん》」と言うは、金剛の真心を獲得《ぎゃくとく》するなり。本願力回向の大信心海なるがゆえに、破壊《はえ》すべからず。これを「金剛のごとし」と喩《たと》うるなり。

（『聖典』二三五頁）

善導の二河白道の譬喩では「能生清浄願往生心」[*142]と衆生の往生心であったものを、宗祖は「三心一心問答」を踏まえて「能生清浄願心」と、如来の願心そのものに変えています。つまり、金剛心を「本願力回向の大信心海」に解放された心と説くのです。

この金剛心について、善導の「散善義」の言葉を見てみましょう。「信巻」の引文には読み替えがありますが、宗祖のお心がよくわかると思いますので、そこを見てみます。

また回向発願《えこうほつがん》して生ずる者は、必ず決定《けつじょう》して真実心の中に回向したまえる願を須《もち》いて得生《とくしょう》の想《おもい》を作《な》せ。この心深信《じんしん》せること、金剛のごとくなるに由《よ》りて、一切の異見《いけん》・異学《いがく》・別解《べつげ》・別行《べつぎょう》の人等《ら》のために、動乱破壊《どうらんはえ》せられず。

金剛心は本願力回向の信心だから、「一切の異見・異学・別解・別行の人等のために、動乱破壊せられず」と言われます。

（『聖典』二一八頁）

それは、世間の価値観や学問、聖道門の仏道了解や実践に惑わされず、決して壊れないことです。ここに、真の仏弟子の現実的な意味が、実に具体的に押さえられています。一言でいえば「無碍道」ですから、「金剛心の行人」とは『歎異抄』第七条に、

念仏者は、無碍《むげ》の一道なり。

（『聖典』六二九頁）

と示される「無碍の一道」を具体的な内容として生きる者のことを言うのです。

この無碍道について、曇鸞が『華厳経』を引いて詳説していることはすでに述べましたが、改めて見てみましょう。

「道」は無碍道なり。『経』（華厳経）に言《のたま》わく、「十方無碍人《むげにん》、一道より生死を出《い》

でたまえり。」「一道」は一無碍道なり。「無碍」は、いわく、生死すなわちこれ涅槃なりと知るなり。かくのごとき等《ら》の入不二《にゅうふに》の法門は無碍の相なり。

（『聖典』一九四頁）

この文章でわかるように、無碍道を根源的に成り立たせるのは、「生死すなわちこれ涅槃なりと知る」ことです。この智慧は聖道門では覚りによって生まれるのですから、例えば六波羅蜜の行では、布施《ふせ》・持戒《じかい》・忍辱《にんにく》・精進《しょうじん》・禅定《ぜんじょう》・智慧《ちえ》の最後の智慧で獲得されるものです。ところが浄土教では、「その機は、すなわち一切善悪大小凡愚」*143とあるように、覚りを悟ることなどできませんから、本願による他にはありません。実は、それが先の「三願転入」で宗祖が表明していた内容になるのではないでしょうか。

第二十・植諸徳本の願の機は、如来の救いまで自分で植え直そうとすることでした。しかし救主は如来ですから、それは救いまで自分の手で盗もうとする、衆生と如来との分際の混乱です。その分際を、本願の教えによって徹底的に明確にして、第十八願成就の如来の一如の世界に解放することが、『大経』の「智慧段」の眼目です。

その子細を宗祖は、「三願転入」として表明するのですが、この群萠の救いを実現する如来大悲の方便に「果遂の誓い、良《まこと》に由《ゆえ》あるかな」と感佩して、「三願転入」を閉じるのでした。

この第十八願と第二十願との深い呼応関係を見出したところに、宗祖の択法眼があります。それは『法事讃』の文を手掛かりにして、第二十願と第十八願とが重なると読むのですが、実はこの重なりに、第二十願の機の「生死」と第十八願の法の「涅槃界」とが、「即」で結ばれる「生死即涅槃」を実現しているのです。聖道門のように覚りを悟るのではありませんが、本願力によって「生死即涅槃」が実現されるのです。

それを別の視点で言えば、すでに尋ねたように、現生正定聚が宗祖の立脚地でした。それは他力の信心に、浄土に生まれてからの位である正定聚を先取りすることでした。このように現生正定聚とは、煩悩の身のまま浄土が開かれた位ですから、煩悩の身と浄土との関係が「生死即涅槃」を実現しているのです。宗祖はそこを基点にして、浄土教を大般涅槃道に転換したのです。

「三願転入」では、それを往生という仏道として捉え直すわけですから、第二十願の難思往生と第十八願の難思議往生とが重なるところに、「生死即涅槃」が実現しているのです。しかし「現生正定聚」にしても「三願転入」にしても、如来大悲の本願の道理によって、他力の信心に実現する「生死即涅槃」の境涯です。

ですから宗祖は、「生死即涅槃」は群萌を事実として救う信心によると表現して、聖道門の観念的な教理とは全く異質であることを強調します。それを「正信偈」で、

惑染《わくぜん》の凡夫《ぼんぶ》、信心発《ほっ》すれば、生死即涅槃なりと証知せしむ。

（『聖典』二〇六頁、傍線筆者）

と詠い、また、

よく一念喜愛の心を発すれば、煩悩を断ぜずして涅槃を得るなり。

（『聖典』二〇四頁、傍線筆者）

と詠うのです。それをもう少し具体的に言えば、衆生の煩悩と法蔵菩薩の本願とは、

相即しているということではないでしょうか。煩悩と断絶しながら、しかもその本源には、法蔵菩薩の本願がはたらいているのでしょう。

釈尊が「智慧段」で説いた第十九願・第二十願・第十八願は、機の三願と言われます。ですからこの三願は共通して「十方衆生《じっぽうしゅじょう》」と呼んでいます。ところがもう一つ共通して説かれるのが「欲生我国《よくしょうがこく》」という法蔵菩薩の願心です。第十九願の自力にも第二十願の自力にも、その根源に法蔵菩薩の「欲生我国」がはたらき続けているのです。その意味で言えば、宗祖の「三願転入」は、この「欲生我国」の純化の過程であると言うこともできます。第十九願の煩悩にまみれた「欲生我国」から第二十願の念仏に固執する「欲生我国」に転じ、さらに第十八願の純粋な他力の「欲生我国」に転じて救われていくのです。

宗祖の「難思議往生を遂げんと欲う」という意欲は、第十八願の純粋な「欲生我国」の「欲」です。身は宿業の大地に帰り、意欲は法蔵菩薩の願心を生きる者になったのです。これでもわかるように、衆生の煩悩と法蔵菩薩の願心とは相即しているのです。

韋提希や阿闍世や提婆達多《だいばだった》は浄土教興起の立役者ですが、それらは全員、頻婆娑羅《びんばしゃら》王を亡き者にするということに関わっています。これは許されることではありません が、ちょうど富士山の頂上が雲から顔を出すように、衆生の煩悩が、この世に突出して五悪の事実となったのです。その煩悩の底に、止むに止まれない法蔵菩薩の本願が動いていると見抜いたのは釈尊一人です。例えば阿闍世は、自分の罪に恐れおののきます。自我よりももっと深いところからはたらきかける本願力によって恐れおののいているを見抜いた釈尊は、彼の慚愧《ざんぎ》の心を手掛かりにして、本願力の世界にまで導いて阿闍世を救い取るのです。

なぜなら『大経』では衆生の煩悩の生活を説く「三毒五悪段」と、それを救わんとする法蔵菩薩の「勝行段」とは重なって説かれているからです。阿闍世の慚愧の心を手掛かりにしながら、如来の本願にまで導いて「すなわちこれ我が心、無根《むこん》の信なり」*144と、阿闍世に叫ばせるのが『涅槃経』です。

また『観経』は、王舎城の悲劇の中で、

世尊、我、宿《むかし》何の罪ありてか、この悪子を生ずる。（『聖典』九二頁）

と、丸裸の凡夫になって号泣する韋提希に、その底に動いている「憂悩《うのう》なき処《ところ》」[*145]を求める心に導き、さらに「清浄《しょうじょう》の業処《ごっしょ》」[*146]を求める心にまで導いて、それに応えて阿弥陀如来の浄土を説くことになります。それは釈尊が、凡夫としての韋提希の苦悩の底に、息子の阿闍世も夫である頻婆娑羅王も私もみな共に在りたいという如来の本願が動いていることを見抜いて、阿弥陀の浄土を説いたのではないでしょうか。

もちろん凡夫に、そのようなことがわかるはずはありません。事件の渦中では相手を怨み、その心が殺人にまで駆り立てるのです。しかし、その暴風のような煩悩と一如になって、一つのいのちを生きたいという如来の本願を見抜いていたのが釈尊です。その意味で、衆生の煩悩が、直接如来の世界と繋がっているわけではありません。「三願転入」で分際の絶対の断絶を潜った者には、断絶のまま相即するのです。それを宗祖は、『高僧和讃』で次のように詠っています。

無碍光《むげこう》の利益《りやく》より
威徳《いとく》広大の信をえて
かならず煩悩のこおりとけ

すなわち菩提《ぼだい》のみずとなる
罪障《ざいしょう》功徳の体《たい》となる
こおりとみずのごとくにて
こおりおおきにみずおおし
さわりおおきに徳おおし
（『聖典』四九三頁）

これまで邪魔になっていた煩悩の罪障性こそが、如来の功徳の体になると詠われます。煩悩の身がなくなるわけではありませんが、その身がかえって仏法を聞くものに転じられるのです。それは煩悩があればこそ、釈尊の教誡を通して、その本源にははたらいて止まない法蔵菩薩の本願の声をかえって聞き取れると、その意味を全く転じてしまうのです。

衆生の煩悩は、生涯消えることはありません。しかし、煩悩の起こる一念一念に本願の声を聞き取って、娑婆が一如の涅槃界に包まれている事実に帰るのです。衆生の命終わるまで続く煩悩道が、どこも変えることなく、大般涅槃道に意味を転じるのです。それを宗祖は、真仏弟子の結釈で、念仏衆生は、横超《おうちょう》の金剛心を窮《きわ》むるがゆえに、臨終一念の夕《ゆうべ》、大般涅槃《だいはつねはん》を超《ちょう》証《しょう》す。
（『聖典』二五〇頁）

と言い、それを真仏弟子釈では「必可超証大涅槃」という、真の仏弟子のもう一つの定義で押さえているのです。

このように凡夫道がどこも変えないで仏道になる、煩悩の起こるたびに本願の聞思《もんし》が深まっていくのですから、どこへも退転することはありません。それを「金剛心の行人」が歩む「無碍の一道」と言うのだと思います。

＊137　『歎異抄』第一条・『聖典』六二六頁。
＊138　『聖典』一九七頁。
＊139　『聖典』二一〇頁。
＊140　『聖典』三一四〜三一六頁。
＊141　『聖典』二五一頁。
＊142　『聖典』二二〇頁。

＊143 『教行信証』「行巻」・『聖典』二〇三頁。
＊144 『聖典』二六五頁。
＊145 『聖典』九二頁。
＊146 『聖典』九三頁。

第七章　親鸞の第二十願の推究

第一節　出世本懐経

1　法然の二つの教え

これまで宗祖の立脚地である『大経』下巻によりながら、その仏道観をつぶさに尋ねてきました。「三毒五悪段」では、第十九願の自力と第二十願の自力とが二つに分けて説かれていて、第十九願の自力よりも深い愚痴の無明煩悩を持つ第二十願の機が、どのように救われていくかが『大経』の最終的な課題でした。それが下巻の正宗分最後の「智慧段」で果遂されて、『大経』が群萌を救う経典であることを完成したのです。

したがって『大経』の仏者である親鸞の独自性は、この第二十願の機の推究にあります。親鸞は、第二十願の機がどのように救われていくかを明確にして、『大経』が群萌を救う経典であると読み切っていくのです。そう読むのは『教行信証』が初めてですから、第二十願の機の推究は、これまで誰も明確にしていない課題です。言うまでもなく、第十八願の本願の智慧との交際の中で明らかにされる問題ですから、『大経』に立った親鸞の独壇場です。

しかしそれを教えたのは、師の法然であると思われます。その教えは微に入り細に入り多岐にわたるのですが、ここでは二つに絞って考えたいと思います。一つは、法然が『阿弥陀経』を出世本懐経であると言ったことです。大乗仏教の常識では、出世本懐経は誰が見ても『法華経』と『大経』です。比叡山でも法華三昧堂と念仏三昧堂が廊下でつながっていて、「にない堂」と呼ばれるのもそのためです。そこからすると、法然の主張はすぐに頷けませんから、いずれ法然の独断か誤解であると非難されることになりかねません。親鸞は弟子として師の思想的な責任を担って、なぜ『阿弥陀経』が出世本懐経なのか、それを証明する仕事が結果的に第二十願の機の推究になっていったのだと思われます。

もう一つは、法然が源信の仕事を讃嘆することです。中国の道綽・善導によって浄土教は称名念仏の行を中心にして、浄土教の教学が確立していきます。『教行信証』

「行巻」の道綽の引文を見ますと、行が「念仏三昧」で統一されています。[*147] 念仏三昧では、称名念仏なのか観仏《かんぶつ》三昧なのか明確には区別がつきません。ところが善導の引文になると、行の全てが称名念仏で統一されています。[*148] 親鸞はこのような引文の仕方で、道綽を聖道門から浄土門を独立させた仏者、善導を六字釈《ろくじしゃく》を中心に浄土の教学を完成させた仏者であることを明らかにしようとしているのです。

そこからすると道綽・善導、それを受けた法然の『選択集』に至るまでは、正行か雑行かの行の規定と専修念仏一つを掲げること、それが決定的な仕事です。もちろん、善導には二種深信という大切な機への眼差しがありますが、それを法然は、自力から専修念仏への転回点と受け止めて、念仏一つに収斂させています。

ところが日本の源信にまで来ると、行の規定に止まらないで、行を行じている主体にまで食い入って推究することになります。要するに専修念仏の正行を実践していても、念仏する主体が第十九願・第二十願の自力の身ですから、

煩悩、眼《まなこ》を障《さ》えて見たてまつらずといえども、
大悲倦《ものう》きことなく、常に我を照らしたまう、といえり。

（「正信偈」・『聖典』二〇七頁）

と、煩悩の身のままで大悲の中にあると言うのです。源信の、機にまで食い入って仏道を明らかにすることを親鸞に教えたのは法然です。この教えによって、親鸞の「智慧段」を読む眼差しが定まっていくのです。

このように、一つは『阿弥陀経』が出世本懐経であるということ、もう一つは源信が行の規定に止まらないで、その主体にまで食い入って仏道を明らかにしていることと、この二つの法然の教えが、親鸞を第二十願の機の推究に駆り立てたと推測されます。

そこで、まずは宗祖の三部経観にとって大切な『阿弥陀経』の問題から尋ねたいと思います。

2　道綽・善導の仕事

大乗仏教の伝統の中で、浄土教の独立を宣言した仏者は道綽です。それは法然が

『選択集』の冒頭で、

道綽禅師《どうしゃくぜんじ》、聖道・浄土の二門を立てて、しかも聖道を捨てて正《まさ》しく浄土に帰するの文

（『真聖全』一・九二九頁）

と題して、『安楽集』の次の文を引用することから明らかです。

何者をか二とする。一つには謂《い》わく聖道、二つには謂わく往生浄土なり。その聖道の一種は今の時証し難し。一つには大聖《だいしょう》を去ること遙遠《ようおん》なるに由《よ》る、二には理深く解微《げみ》なるに由る。このゆえに『大集月蔵経《だいじゅうがつぞうきょう》』に云わく。我が末法《まっぽう》の時の中に億億の衆生、行を起こし道を修せんに、未だ一人も得る者あらず。当今は末法にして現にこれ五濁悪世《ごじょくあくせ》なり。ただ浄土の一門ありて通入すべき路《みち》なり。このゆえに『大経』に云わく、もし衆生ありて、たとい一生悪を造れども、命終の時に臨みて、十念相続して我が名字を称せんに、もし生まれずば、正覚《しょうがく》を取らじと。

（『真聖全』一・四一〇頁）

この文で道綽は、大乗仏教を聖道と浄土の二門に分け、末法の仏道は浄土の一門しかないことを『大集月蔵経』によって証明します。その理由に、「一つには大聖を去ること遙遠なるに由る、二には理深く解微なるに由る」という二つが挙げられるのです。

聖道門のように自力の菩提心によって、断惑証理《だんわくしょうり》の道に立ち悟りを求めるといっても、仏の悟りの内容がわからないのが末法の凡夫です。「理深く解微なるに由る」とは、それを言っています。そうであれば仏の悟りを目標にしても、結局は凡夫の理想ですから、欲の延長線上に描かれた目標にしかなりません。そもそも人間は、仏の覚りに背くところから出発していますから、その努力はあたかも嘘を重ねて真実にしようとするようなものです。であれば、悟りの内容を釈尊に聞く以外にはありませんが、「大聖を去ること遙遠なるに由る」と言うように、末法の時代に在っては不可能なことです。

ですから末法の凡夫にとっては、宿業の身に帰って因の本願に帰依し、誓願不思議の因果の道理によって仏に成る浄土教の他に道は残されていません。その意味で道綽の「ただ浄土の一門ありて通入すべき路なり」という主張は実に明快で、『大経』の第十八願をその根拠として挙げるのも当然であると言えます。

しかし、先の文をよく見ると『大経』からの直接の引文ではありません。「もし衆生ありて、たとい一生悪を造れども、命終の時に臨みて、十念相続して我が名字を称せん」という文は、言葉遣いからすぐにわかるように、『観経』の下品下生の文に立って、第十八願文の取意であることは明白です。そこに聖道門と決別していった、道綽の徹底した機の自覚を窺うことができます。要するに、『大経』の第十八願は凡夫を救う最も大切な別願であるけれども、その具体性・現実体は『観経』の下品下生の私を救った称名念仏にある、と言っていることになります。この姿勢は善導にも継承されることですから、道綽・善導は『大経』の本願を背景にしながら、その現実体の称名念仏を説く『観経』を立脚地としていると言えるでしょう。

ただし『安楽集』の全体を見ますと、親鸞が指摘しているように、その行がほぼ「念仏三昧」で統一されています。それは、聖道門が目標にしている観仏三昧が、実は浄土門の念仏三昧として実現することを証明しなければならなかった、時代そのものの要請と言えます。七祖は、それぞれの時代の制約の中で、真宗を明らかにしていきます。親鸞はその枠組みを丁寧に追いながら、それぞれの役割を明らかにしているのです。しかし道綽が言う念仏三昧では、観仏三昧なのか称名念仏なのかの区別がつきませんので、その課題は善導に譲ることになります。例えば道綽は、『観仏三昧経』の次の文を引用しています。

仏、阿難に告げたまわく、汝《なんじ》今善《よ》く持《たも》ちて、慎《つつし》みて忘失することなかれ。過去・未来・現在の三世の諸仏、みなかくのごときの念仏三昧を説きたまう。

（『真聖全』一・四一一頁）

これは、『観経』流通分《るずうぶん》で言えば、

仏、阿難に告げたまわく、「汝《なんじ》好《よ》くこの語《ことば》を持《たも》て。この語を持てというは、すなわちこれ無量寿仏《むりょうじゅぶつ》の名《みな》を持《たも》てとなり。」

（『聖典』一二二頁）

という文に当たります。『安楽集』の文では、阿難に付属した行が念仏三昧となっていて、善導とは一線を画すところです。

しかしながら善導は、道綽の「三不三信の誨」の三信を正行として継承し、三不信のほうを自力が混ざった雑行と継承して、その正行を中心に観経教学を完成させていくことになります。聖道門の教学に対して浄土の教学を明確にするためには、教・行・証の違いを際立たせる必要がありますが、中でも行の確立が最も重要になります。周知のように善導は、浄土教の歴史の中で金字塔とも言える六字釈を表して、その専修念仏を中心に浄土教学を完成させるのです。

ですから善導は、先の『観経』の流通分の文についても、次のように解説します。

「仏告阿難《ぶつごうあなん》　汝好持是語《にょこうじぜご》」より已下《いげ》は、正《まさ》しく弥陀の名号を付嘱《ふぞく》して、遐代《かだい》に流通《るずう》することを明かす。上よりこのかた定散両門の益《やく》を説くといえども、仏の本願の意《こころ》を望まんには、衆生をして一向に専ら弥陀仏の名《みな》を称せしむるにあり、と。

（『聖典』三五〇頁）

「『観経』流通分の文は、阿難に正しく弥陀の名号を説いて、はるか遠い時代にも称名念仏が流布するようにと付属したものである。『観経』では定善・散善を説いて自力を励ましてはいても、それは弥陀の本願に導くためである。その本願の意趣を窺えば、一向に専ら弥陀仏の名を称することにある」と説きます。このように道綽の了解を一歩進めて、善導は一向専修の称名念仏に着地しているのです。

しかしいずれにしても、『大経』の本願の意趣を実践行として受け取るところに、善導・道綽の仕事の実際的で、優れたところがあります。浄土の三部経の視点から言えば、『大経』の本願を背景にしながら、『観経』・『阿弥陀経』に説かれる衆生の称名念仏の実際面に立ったと言っても間違いではありません。

善導は『観経疏』で六字釈を中心にして、浄土の教学が称名念仏に収斂されるように大成していきます。その教学も先に指摘したように称名念仏の実際面に立脚していますから、その他の著作である『法事讃』・『観念法門《かんねんぼうもん》』・『往生礼讃《おうじょうらいさん》』・『般舟讃《はんじゅさん》』は、主に浄土教の儀礼、つまり実践行儀を明らかにしています。その中で『阿弥陀経』の儀礼を明らかにしているのが『法事讃』ですから、ここからは『法事讃』に着目していきたいと思います。

『法事讃』は上下二巻で構成されていて、下巻は『阿弥陀経』の本文が十七段に分けて註釈されています。善導の註釈を見る前に、最後の第十七段に位置づけられる、

『阿弥陀経』正宗分の結びの文と流通分の文を挙げておきましょう。

舎利弗《しゃりほつ》、我《わ》がいま諸仏の不可思議の功徳を称讃するごとく、かの諸仏等も、また、我が不可思議の功徳を称説して、この言《ごん》を作《な》さく、「釈迦牟尼仏《しゃかむにぶつ》、能《よ》く甚難《じんなん》希有《けう》の事《じ》を為《な》して、能く娑婆《しゃば》国土の五濁悪世《ごじょくあくせ》、劫濁《こうじょく》・見濁《けんじょく》・煩悩濁《ぼんのうじょく》・衆生《しゅじょう》濁《じょく》・命濁《みょうじょく》の中にして、阿耨多羅三藐三菩提《あのくたらさんみゃくさんぼだい》を得て、もろもろの衆生のために、この一切世間に信じ難《がた》き法を説きたまう」と。舎利弗、当《まさ》に知るべし。我《われ》五濁悪世にして、この難事を行じて、阿耨多羅三藐三菩提を得て、一切世間のために、この難信の法を説く。これをはなはだ難《かた》しとす。」

仏、この経を説きたまうことを已《おわ》りて、舎利弗およびもろもろの比丘《びく》、一切世間の天・人《にん》・阿修羅等《あしゅらとう》、仏の所説を聞きたまえて、歓喜《かんぎ》し、信受して、礼《らい》を作《な》して去りにき。

（『聖典』一三三〜一三四頁）

この文について、善導は『法事讃』で次のように言及しています。

釈迦の出現はなはだ逢《あ》い難し。正《まさ》しく五濁の時の興盛なるを治す。（中略）九十五種皆《みな》世を汚す。ただ仏の一道独《ひと》り清閑《しょうげん》なり。菩提に出到《しゅっとう》して心尽《つ》くることなく、火宅《かたく》に還来《げんらい》して人天《にんでん》を度《ど》せん。

（『真聖全』一・六〇四頁、中略筆者）

「この世に出現された釈尊に逢うことは実に難しい。五濁悪世の病を治すために、この世に出現されたのである。煩悩にまみれた九十五種の外道は、この世を汚すだけであるが、ただ仏の一道だけはこの世を超えて寂静である。釈尊は覚りを悟るにとどまらず、火宅に還来して一切衆生を救い取るのである」。要するに、釈尊が出現してくださったのは、五濁悪世にあえぐように生きる凡夫を救うためである、しかし釈尊の出生に逢うことは実に難しい、と言うのです。

それに続けて、『法事讃』では重要な文章が記されます。それは次の文です。

如来五濁に出現して、よろしきに随《したが》いて方便して群萠《ぐんもう》を化《け》したまう。あるいは多聞《たもん》にして得度《とくど》すと説き、あるいは少しく解《さと》りて三明《さんみょう》を証すと説く。あるいは福慧双《なら》べて障《さわ》りを除くと教え、あるいは禅念《ぜんねん》して座《ざ》して思量せよと教う。種種の法門みな解脱すれども、念仏して西方に往くに過ぎたるはなし。上一形《かみいちぎょう》を尽くし十念・三念・五念に至るまで仏来迎《らいこう》したまう。直ちに弥陀の弘誓重《ぐぜい》きが為に、凡夫《ぼんぶ》念ずればすなわち生ぜしむることを致す。

（『真聖全』一・六〇四頁）

「釈迦如来が五濁の世に出現して、それぞれの機の在り方に従って教化をしてくださった。多聞、三明、福慧、禅念等の種々の法門でもみな解脱することができるけれども、念仏して浄土に生まれるより優れた道はない。生涯念仏しようが、五念・三念の念仏に至るまで阿弥陀如来は来迎して救ってくださる。それは第十八願の弘誓が重いために、凡夫が念仏すれば、必ず往生するのである」と、このように説くのです。ここでも第十八願の弘誓が重いから、釈尊は五濁の世に出現して念仏一つを説いたと、称名念仏を表に立てています。このように『阿弥陀経』正宗分の結びの教説に、釈尊が五濁の世に出現した意味を仰いでいることがよくわかります。

3　法然の出世本懐経の決定

さてこの『法事讃』の文を巡って、法然はその意趣をますます明確にしていきます。最初に、法然の『三部経大意』の文章を見てみましょう。そこに次のような説法が収録されています。

我《われ》世に出ることは、本意ただ弥陀の名号を衆生に聞かしめんがためなりとて、阿《あ》難尊者《なんそんじゃ》にむかいて、汝好《なんじよ》くこの事を持《たも》て遐代《とおきよ》に流通《るずう》せよと、ねんごろに約束しおきて後、跋提河《ばつだいが》のほとり、沙羅林下《さらりんげ》にして、八十の春の天、二月十五の夜半に、頭北面西《ずほくめんさい》にして涅槃に入《い》り給《たまい》にき。

（『昭法全』四二頁）

意味は難しくはないでしょう。「釈尊がこの世にお出ましになったのは、ただ弥陀の名号を衆生に聞かしめるためである。『観経』の流通分で阿難尊者に「汝好持是語」とねんごろに約束した後で、釈尊は沙羅双樹の下で八十歳の二月十五日に頭北面西にして涅槃に入られた」と説くのです。要するに法然は、『観経』の下品下生の「称南《しょうな》無阿弥陀仏《むあみだぶつ》」が一切経を説いた釈尊の本意であり、入涅槃を懸けた遺言であると言っているのです。

もともと『三部経大意』のこの場所は、『観経』の「深心」を説く中にあって、この文に至るまでの内容は次のように示されています。

かの仏は乃至十念若不生者不取正覚《ないしじゅうねんにゃくふしょうじゃふしゅしょうがく》と誓い給て、すでに仏に成り給えり。速やかにこれを念ぜよ、出離生死《しゅつりしょうじ》の道多しといえども、悪業煩悩の衆生の、とく生死を解脱すべきこと、これに過ぎたることなしと教え給いて、ゆめゆめこれを疑うことなかれ。六方恒沙《ごうじゃ》の諸仏もみな同じく証誠《しょうじょう》し給えるなりと、ねんごろに教え給て、我もし久しく穢土《えど》にあらば、邪見放逸《じゃけんほういつ》の衆生、我をそしり我をそむきて、かえりて悪趣《あくしゅ》に堕《だ》せん。

（『昭法全』四一～四二頁）

この文の大要は次のようです。「第十八願の弥陀の弘誓は最も重いものであるが、その誓願の不思議は衆生には信じがたい。釈尊は、出離生死の道は多いけれども、悪業煩悩の衆生にとっては、阿弥陀の本願を信じる道しかないと教えてくださっている。六方恒沙の諸仏もそれを証誠しているとねんごろに教えてくださって、もし釈尊が穢土に久しく留まったとすると、邪見放逸の衆生が、釈尊を謗ったり、背いたりして、かえって悪趣に堕ちてしまう。だから一切経の本意である念仏一つを遺言として涅槃に入られたのである」。こういう文脈の中にある文章なのです。

したがって、末法に在ってはその遺教である一切経、つまり経典しか残されていないけれども、その釈尊の本意を誰に聞けばいいのか。法然は、

済度利生《さいどりしょう》の方便、今は誰に向ってか問いたてまつるべき。（『昭法全』四二一頁）

と、悲痛な問いを立てます。そして、その問いに答えるかのように、善導の『法事讃』の文章を引用するのです。

しかるを阿弥陀如来、善導和尚《ぜんどうかしょう》となのりて唐土《とうど》に出《いで》て云わく

如来出現於五濁《にょらいしゅつげんおごじょく》　随宜方便化群萌《ずいせんほうべんけぐんもう》　或説多聞而得度《わくせつたもんじとくど》　或説少解証三明《わくせつしょうげしょうさんみょう》

或教福恵双除障《わくきょうふくえそうじょしょう》　或教禅念座思量《わくきょうぜんねんざしりょう》　種々法門皆解脱《しゅじゅほうもんかいげだつ》　無過念仏往西方《むかねんぶつおうさいほう》
上尽一形至十念《じょうじんいちぎょうしじゅうねん》　三念五念仏来迎《さんねんごねんぶつらいこう》　直為弥陀弘誓重《じきいみだぐぜいじゅう》　致使凡夫念即生《ちしぼんぶねんそくしょう》

と仰せられき。釈尊出生の本懐《ほんがい》、ただこのことにありと云うべし。

（『昭法全』四二三頁）

この文の最初に「阿弥陀如来、善導和尚となのりて唐土に出て云わく」とありますから、法然は、善導を阿弥陀如来の化身と仰いでいます。そうであるなら『法事讃』の善導の文は、弥陀の直説ということになります。その弥陀の直説として『阿弥陀経』正宗分の結びの文に、釈尊の出世本懐が語られていると言うのです。

したがって法然が『阿弥陀経』を講義する時には、正宗分の結びに来ると『法事讃』の文を必ず引用して、ここに釈尊の出世本懐が説かれていると言うのです。例えば、『阿弥陀経釈』[*149]、別の『阿弥陀経釈』[*150]、『逆修説法《ぎゃくしゅせっぽう》』[*151]等がその例です。

さらに『浄土宗略要文《りゃくようもん》』では、

善導和尚の意、釈尊出世の本意、ただ念仏往生を説くと云うの文

と題して『法事讃』の文章を掲げています。さらに「十七条御法語」では、

（『昭法全』三九八頁）

阿弥陀経等は浄土門の出世の本懐《ほんがい》なり。法華経は聖道門の出世の本懐なり。

（『昭法全』四六八頁）

と、『阿弥陀経』が釈尊の出世本懐経であると決定するのです。

このように善導、法然の教えを追ってみると、確かに『阿弥陀経』が出世本懐経であるという主張にも頷くことができます。しかし、何度も言うようですが大乗仏教の常識として『大経』が出世本懐経であることは、誰もが認めるところです。とするならば、『大経』と『阿弥陀経』との関係はどうなっているのでしょうか。しばらくそちらに目を移してみましょう。

すでに述べたように、『大経』は釈尊と阿難との出遇いから始まって、上巻では「如来浄土の因果」が説かれます。下巻は、阿弥陀如来の浄土に往生する「衆生往生

の因果」が説かれています。まず下巻の冒頭には、第十一願成就文、第十七願成就文、第十八願成就文が説かれ、それと背中合わせに第十九願成就文（三輩章）が説かれていました。ここは、天親の信心の表明からすると、第十九願の自力から第十八願の他力への回心を表す「一心帰命」が説かれているところでした。

ここに説かれる三輩章は、『観経』の教えからすれば、上品上生から下品下生までの散善に相当します。言うまでもなく、「至誠心・深心・回向発願心」の中の深心釈で善導は二種深信を表明して、下品下生の称名念仏一つに、本願による凡夫の救いを確信するのです。したがってこの箇所に、『観経』が要門として大切な経典であることが押さえられています。

ところが『大経』には、もう一つ大切な「一心願生」、つまり願生・往生の課題があります。それは「三毒五悪段」から説き出されますが、念仏生活の課題は根本煩悩から離れられない第二十願の機がどう救われていくかにあります。それが『大経』の正宗分最後に説かれる「智慧段」で果遂されていくのです。

『阿弥陀経』で説かれるように「一心不乱」*152の念仏は、衆生の真面目さ、良心の極みです。しかし、衆生の究極の真面目さ、良心に無明煩悩が潜んでいることを見抜い

ているのが、

如来の智慧海《ちえかい》は、深広《じんこう》にして涯底《がいてい》なし。

（『大経』・『聖典』五〇頁）

と説かれる「如来の智慧海」です。その智慧によって、第二十願意が「植諸徳本」と説かれるのです。念仏生活の中で、いつの間にか衆生が仏に成る徳本まで自力で植え直そうとします。しかしその第二十願の最後には、「果遂せずんば、正覚を取らじ」と、如来がそのままで救い遂げると誓うのです。衆生の無明煩悩の深さを仏の智慧が包んで衆生を救い取り、仏にするのは如来の仕事です。如来の仕事まで盗むな、わかった仏法から手を放し群萌に帰れ、と教えてその全体を第十八願の如来の智慧海に解放していくのです。ここに『阿弥陀経』が真門を開くことが押さえられています。

こう見てきますと、法の真実である本願が説き出されるためには、何と言っても釈尊と阿難との出遇いが決定的な契機です。ですから法の真実を説く『大経』では、釈尊と阿難との出遇いに出世本懐が宣言されるのです。その意味で、法の真実、本願が説かれるという視点からすれば、『大経』こそが出世本懐経なのです。

　ところがその本願の真実を、わがものにするかしないかは衆生の聞思の歩みに懸かっています。その衆生の仏道の実際面からすると、まず大切なのは『観経』に説かれる自力から他力への回心です。さらに、『大経』正宗分最後の「智慧段」に説かれる『阿弥陀経』の課題が果遂されなければ、『大経』が群萌を救う経典にはなりません。言い換えれば、『阿弥陀経』の課題が如来の智慧によって果遂されなければ、釈尊と阿難との出遇いが完成しないのです。『大経』が真実教であることを決定する実際面は『阿弥陀経』に懸かっています。ですから衆生の仏道の実際面からすれば、善導が言うように『阿弥陀経』こそ出世本懐経なのです。法然はその全てを了解して、『阿弥陀経』が出世本懐経であると決定したのだと思われます。

4　親鸞の『法事讃』の文の了解

　では親鸞は、前に引用した『法事讃』の文、つまり、

　如来五濁に出現して、よろしきに随《したが》いて方便して群萌《ぐんもう》を化《け》したまう。あるいは

多聞《たもん》にして得度《とくど》すと説き、あるいは少しく解《さと》りて三明《さんみょう》を証すと説く。あるいは福慧双《なら》べて障《さわ》りを除くと教え、あるいは禅念《ぜんねん》して座《ざ》して思量せよと教う。種種の法門みな解脱すれども、念仏して西方に往くに過ぎたるはなし。上一形《かみいちぎょう》を尽くし十念・三念・五念に至るまで仏来迎《らいこう》したまう。直ちに弥陀の弘誓《ぐぜい》重きが為に、凡夫《ぼんぶ》念ずればすなわち生ぜしむることを致す。

（『真聖全』一・六〇四頁）

という文をどのように了解したのでしょうか。ここでは、『教行信証』「化身土巻」の引用文を通して尋ねてみましょう。師の法然がこの文を弥陀の直説と教えたのですから、『大経』に立った宗祖は、『大経』の「智慧段」の教説と見事に符合させて読むのです。『法事讃』の文の前半は、「化身土巻」の要門釈に引用します。

また云わく、如来、五濁に出現して、よろしきに随いて方便して群萠を化したまう。あるいは「多聞にして得度す」と説き、あるいは「少しき解りて三明を証す」と説く、あるいは「福恵双べて障を除く」と教え、あるいは「禅念して座して思量せよ」と教う。種種の法門みな解脱す、と。

（『聖典』三三七頁）

要門釈とは、第十九・修諸功徳の願意を明確にする箇所ですから、『法事讃』の文の前半は、第十九願の意を明らかにする文であると読んでいることになります。一方、後半は「化身土巻」の真門釈に引用します。

　また云わく、種種の法門みな解脱すれども、念仏して西方に往くに過ぎたるはなし。上一形を尽くし、十念・三念・五念に至るまで、仏来迎したまう。直ちに弥陀の弘誓重なれるをもって、凡夫念ずればすなわち生ぜしむることを致す、と。

（『聖典』三五〇頁）

真門釈とは、第二十・植諸徳本の願意を明確にする箇所ですから、『法事讃』の後半の文は、第二十願の意を明らかにする文と読んでいます。すでに指摘したように、ここには重要な読み替えがあります。法然までは「直ちに弥陀の弘誓重きが為に」[*153]と読んでいたものを、宗祖は「直ちに弥陀の弘誓重なれるをもって」と読み替えているのです。

そもそもこれまでは善導の『法事讃』の文を、阿弥陀如来の願意を表す文として読んだ仏者はいません。ところが親鸞は、『大経』の「智慧段」の釈尊の教説と符合させるために、第十九願・第二十願・第十八願を表す文と読んだのだと思われます。

前章でも触れましたが、大事な箇所ですので改めて「智慧段」を見てみたいと思います。「智慧段」では、釈尊が阿難と弥勒菩薩に阿弥陀如来の浄土をつぶさに見てきたか、また、その浄土の中に胎生の世界があるのを見てきたかと問います。二人は見てきたと答えますが、弥勒菩薩がその胎生に生まれるのはどうしてかと、胎生の理由を問うのです。それに対して釈尊が次のように答えます。


もし衆生ありて、疑惑の心をもってもろもろの功徳を修して、かの国に生ぜんと願ぜん。仏智《ぶっち》・不思議智《ふしぎち》・不可称智《ふかしょうち》・大乗広智《だいじょうこうち》・無等無倫最上勝智《むとうむりんさいじょうしょうち》を了《さと》らずして、この諸智《しょち》において疑惑して信ぜず。しかるに猶《なお》し罪福《ざいふく》を信じ善本《ぜんぽん》を修習して、その国に生ぜんと願ぜん。このもろもろの衆生、かの宮殿《くでん》に生まれて寿《いのち》五百歳、常に仏を見たてまつらず。経法《きょうぼう》を聞かず。菩薩・声聞聖衆《しょうもんしょうじゅ》を見ず。このゆえにかの国土においてこれを胎生《たいしょう》と謂《い》う。

もし衆生ありて、明らかに仏智、乃至、勝智を信じて、もろもろの功徳を作《な》して信心回向《えこう》せん。このもろもろの衆生、七宝華《しっぽうけ》の中において自然《じねん》に化生《けしょう》せん。跏趺《かふ》して坐《ざ》せん。須臾《しゅゆ》の頃《あいだ》に身相《しんそう》・光明・智慧・功徳、もろもろの菩薩のごとく具足し成就せん。

（『聖典』八一〜八二頁）

第一の理由は、「疑惑の心をもってもろもろの功徳を修して、かの国に生ぜんと願ぜん」です。ここに「修諸功徳（もろもろの功徳を修して）」とありますので、これは第十九・修諸功徳の願意に関わっています。

第二の理由は、「しかるに猶し罪福を信じ善本を修習してその国に生ぜんと願ぜん。このもろもろの衆生、かの宮殿に生まれて寿《いのち》五百歳、常に仏を見たてまつらず」です。これは、第二十・植諸徳本の願意に関わっています。

しかし「三毒五悪段」の教説と併せて読むと、第二十願の機がどうして救われるかに「智慧段」の課題があります。第十九願の機は、『大経』下巻の冒頭に説かれる回心によって救われるのでしょう。ところが、三毒五悪の念仏生活の中で改めて問題となったのが、「植諸徳本」と言われる根本無明の問題です。これは人間の方から問うことができない問題です。何せ等覚の金剛心を得た弥勒でさえわからなかったのですから、釈尊のほうから説き出して最後に「信心回向せん」とあるように、本願力回向の信心、つまり第十八・至心信楽の願を説きます。それは、第二十・植諸徳本の願と第十八・至心信楽の願とが「重なっている」ことを教えて、第十九願・第二十願の自力の機の救いを果遂するのです。第二十・果遂の誓いは「第十八の弘誓と重なる」と説かれますから、願力の不思議によって必ず凡夫のままで救われるのです。

このように宗祖は、師の法然から『法事讃』の文が弥陀の直説と教えられたのですから、無問自説《むもんじせつ》の弥陀の直説として説かれる「智慧段」の教説と符合させて読むのは当然です。だからこそ、『大経』の通りに「直ちに弥陀の弘誓重なれるをもって」と読み替えるのです。

さて、宗祖の和文に目を移すと、『一念多念文意』では次のように言われます。

『阿弥陀経』に、「一日《いちにち》、乃至《ないし》七日《にち》、名号をとなうべし」と釈迦如来ときおきたまえる御《み》のりなり。この経は「無問自説経《むもんじせつきょう》」ともうす。この経をときたまいしに、如来にといたてまつる人もなし。これすなわち、釈尊出世の本懐《ほんがい》をあらわさんとおぼしめすゆえに、無問自説ともうすなり。

（『聖典』五四〇頁）

ここでは「無問自説」が、『阿弥陀経』が出世本懐経である理由になっています。衆生の真面目さや良心にまでなっている称名念仏の中に、根本無明が潜んでいることなど衆生のほうからは問えません。その衆生を救おうとするのが『阿弥陀経』ですから、「無問自説」なのです。「如来の智慧海は、深広にして涯底なし」という如来の全てを懸けた、弥陀の直説なのです。五濁悪世の凡夫はこの本願の教えによってしか救われませんから、法然の教えの通り『阿弥陀経』正宗分の結びに釈尊の出世本懐を仰いでいるのだと思われます。

『一念多念文意』では、『阿弥陀経』が出世本懐経であると言った先の引文の後に、『法事讃』の文章の註釈が説かれて、『大経』の出世本懐の文が掲げられます。そこを見てみましょう。

「直《じき》為《い》弥陀《みだ》弘誓《ぐぜい》重《じゅう》」というは、「直」は、ただしきなり、如来の直説というなり。諸仏のよにいでたまう本意ともうすを、直説というなり。「為」は、なすという、もちいるという、さだまるという、かれという、これという、あうという。あうというは、かたちというこころなり。「重」は、かさなるという、おもしという、あつしという。誓願の名号、これを、もちい、さだめなしたまうこと、かさなれりと、おもうべきことをしらせんとなり。

しかれば、『大経』には、「如《にょ》来《らい》所《しょ》以《い》興《こう》出《しゅつ》於《お》世《せ》　欲《よく》拯《じょう》群《ぐん》萌《もう》恵《え》以《い》真《しん》実《じつ》之《し》利《り》」とのべたまえり。

（『聖典』五四二頁）

このように、先に『阿弥陀経』の出世本懐が述べられて、『法事讃』の「直為弥陀弘誓重」の註釈を挟んで、「重なっている」からこそ『大経』が出世本懐経なのだ、という文脈になっています。つまり、第二十願の機を果遂する『阿弥陀経』と法の真実を明らかにする『大経』とは、善導が『法事讃』の文で言うように重なっていることを論証しているのです。

『大経』は第十八願の如来の世界を明らかにしていますし、『阿弥陀経』は第二十願の機の課題を明らかにしています。『大経』は法の真実を説くという意味で当然のように出世本懐経ですが、機の実際面から見れば『阿弥陀経』が出世本懐経です。宗祖は、『阿弥陀経』に立って、二つの経典が重なっていると見ているのです。

師の法然が『阿弥陀経』は出世本懐経であると言ったことを通して、『大経』に立った親鸞は、その二つが機と法として重なっていることを明確にして、法然の主張の正当性を論証しました。しかしそれは何と言っても、『大経』の「智慧段」の教説、特に第二十願の機の具体性が明確にならなければ解けない問題です。ですから、宗祖の第二十願の機の推究にとって、師の教えがいかに大きかったかが思われます。

＊147　『聖典』一七一～一七三頁。
＊148　『聖典』一七三～一七七頁。
＊149　『昭法全』一四三頁。
＊150　『昭法全』一五六頁。
＊151　『昭法全』二九四頁。
＊152　『聖典』一二九頁。
＊153　『浄全』四・二五頁下段。

第二節　『教行信証』の問答と『往生要集』の文

1　「三心一心問答」の前の『往生要集』の文について

もう一つの法然の教えは、源信についてです。すでに述べましたが、法然は、道綽と善導の師資相承を見破った源信を、ことあるごとに褒めます。宗祖は、法然門下の時にその講義を何度も聞いて、身に染み込んでいるはずです。それによって、一つは七祖の伝統、つまり道綽・善導・源信・源空の下《しも》四祖が決定します。もう一つは親鸞の第二十願の機の推究に、大きな影響を与えたことが思われます。

宗祖の己証である『教行信証』「信巻」の「三心一心問答」と「化身土巻」の「三経一異の問答」の前にはどちらも、源信の『往生要集』の引用文があります。この二つの問答はやがて「三三の法門」として『教行信証』の教学を完成させることになります。それを決定したのは源信の『往生要集』の文であると示唆していることになりますので、「三心一心問答」と「三経一異の問答」の前にある『往生要集』の文を尋ねてみたいと思います。

まず「三心一心問答」の前の文から見ていきましょう。

『往生要集《おうじょうようしゅう》』に云《い》わく、『入法界品《にゅうほっかいほん》』に言《のたま》わく、「たとえば人ありて不可壊《ふかえ》の薬を得《う》れば、一切の怨敵《おんてき》その便りを得ざるがごとし。菩薩摩訶薩《ぼさつまかさつ》もまたかくのごとし。菩提心不可壊の法薬を得れば、一切の煩悩・諸魔《しょま》・怨敵、壊《やぶ》ることあたわざるところなり。たとえば人ありて住水宝珠《じゅすいほうじゅ》を得てその身に瓔珞《ようらく》とすれば、深き水中に入《い》りて没溺《もつにゃく》せざるがごとし。菩提心の住水宝珠を得れば、生死海《しょうじかい》に入りて沈没《ちんもつ》せず。たとえば金剛《こんごう》は百千劫《ごう》において水中に処《しょ》して、爛壊《らんえ》しまた異変なきがごとし。菩提の心もまたかくのごとし。無量劫《むりょうこう》において生死《しょうじ》の中・もろもろの煩悩業《ぼんのうごう》に処するに、断滅《だんめつ》することあたわず、また損減なし」と。已上

また云わく、我またかの摂取《せっしゅ》の中にあれども、煩悩眼《まなこ》を障《さ》えて見たてまつるにあたわずといえども、大悲倦《ものう》きことなくして常にわが身を照らしたまう、と。

（『聖典』二二二〜二二三頁）

已上

この「入法界品」の文は、「不可壊の薬」や「住水宝珠」に譬えられる菩提心を得れば、生死海に在っても仏道を全うすることができると説かれます。要するに、菩提心一つで娑婆に在っても仏道が貫徹されると説かれるのですが、ここで言う「不可壊の薬」や「住水宝珠」を、親鸞は本願力回向の信心と了解していることは容易に推測できます。菩提心に仏道が貫徹されるとは、誓願不思議の因果の道理によって、仏道の証である大涅槃が実現するということです。ですから、衆生の一心に大涅槃の覚りが本願力のほうから開かれることを証明する「三心一心問答」の前に、この文を引用するのだと思います。

ところが大乗菩薩道では、等覚の金剛心は、長い間の修行によって八地《はちじ》以上の菩薩になってしか得ることができません。その菩薩道と浄土の仏道との違いを明確に示すために、二文目の「大悲無倦《だいひむけん》」の文をどうしても掲げなくてはならなかったのです。

この文は、凡夫のままで第十八願の大悲の中にあるという、第二十願の機の具体性を表す文です。第十八願と第二十願とが重なっていることは、源信がすでにこの文によって教えていたのです。第二十願の三不信の機の自覚こそが「至心・信楽・欲生」の如来の願心を感得するのですから、親鸞は「大悲無倦」の文を「三心一心問答」の直前に引用するのだと思います。その際、親鸞の立脚地は第二十願の機であることを忘れてはなりません。

2　「三経一異の問答」の前の『往生要集』の文について

さてもう一つは、「三経一異の問答」の前の引文です。その文を見てみましょう。

首楞厳院《しゅりょうごんいん》の『要集』に、感禅師《かんぜんじ》（懐感）の『釈』（群疑論）を引きて云《い》わく、「問う、『菩薩処胎経《ぼさつしょたいきょう》』の第二に説かく、「西方この閻浮提《えんぶだい》を去ること十二億那由《なゆ》他《た》に懈慢界《けまんがい》あり。乃至　意《こころ》を発《おこ》せる衆生、阿弥陀《あみだ》仏国に生まれんと欲する者、みな深く懈慢《けまん》国土に着して、前進《すす》んで阿弥陀仏国に生まるることあたわず。億千万の衆、時に一人ありて、よく阿弥陀仏国に生ず」と云云《うんぬん》。この経をもって准《じゅん》難《なん》ずるに、生を得べしや。答う、『群疑論』に善導和尚《かしょう》の前《さき》の文を引きてこの難を釈して、また自ら助成《じょじょう》して云わく、「この『経』の下の文に言わく、「何をもってのゆえに、みな懈慢《けまん》に由《よ》って執心牢固《しゅうしんろうこ》ならず」と。ここに知りぬ、雑修《ざっしゅ》の者は「執心不牢《ふろう》の人」とす。かるがゆえに懈慢国に生ずるなり。もし雑修せずして専らこの業を行ぜば、これすなわち執心牢固にして、定めて極楽国に生まれん。乃至　また報の浄土に生ずる者は極めて少なし、化《け》の浄土の中に生ずる者は少なからず。かるがゆえに『経』の別説、実に相違せざるなり」と。已上略抄

（『聖典』三三〇頁）

この文は、すでに尋ねた道綽と善導の師資相承を述べていた文脈の中にある文です。そこでは、善導が『往生礼讃』で、行を専修と雑修に分け、「専修の者は全て阿弥陀の浄土に往生するが、雑修の者は希に数えるほどしか往生しない」と述べていました。それに対して懐感の『群疑論』では、『菩薩処胎経』の教説によりながら、「懈慢界が人間の欲望に応じた世界であるから、往生人が懈慢界に留まるのは、自力の欲から離れられない執心不牢の人である。それに対して阿弥陀の浄土に往生する人は、執心堅固の人だからだ」と説かれていました。

源信は、善導と懐感のこの二つの教えによって、懈慢界とは人間の欲に全て応える世界だから、『大経』に説かれる胎生であると決定します。さらに、善導の説く雑修の行とは自力の欲にまみれた執心不牢の人の行であり、専修の行とは他力の金剛心を生きる執心牢固の人の行であると決定します。

善導までは、正行と雑行というように、どこまでも行の規定なのです。ところが源信は、それをもう一歩踏み込んで、行を実践する衆生の自力性に注目しているのです。「懈慢界は人間の欲望を全て満たす世界だから、自力の欲の抜けないものはその懈慢界に留まってそこから先に進もうとはしない」という『菩薩処胎経』の教説は、煩悩具足という在り方でしかない人間を見抜いた、いかにもリアルな教えではないでしょうか。源信は、その教えに従って、行を実践する衆生（機）のほうに完全に視点を移したのです。

親鸞はこの源信の教えに従って、「化身土巻」の「三経一異の問答」の中で、「雑修」を行じる雑心と「専修」を行ずる専心の、衆生の心のほうに焦点を当てて実に綿密な推究をしています。それを受けて次のように言います。

おおよそ浄土の一切諸行において、綽和尚《しゃくかしょう》（道綽）は「万行」（安楽集）と云《い》い、導和尚《どうかしょう》（善導）は「雑行《ぞうぎょう》」（散善義）と称す、感禅師《かんぜんじ》（懐感）は「諸行」（群疑論）と云えり、信和尚《しんかしょう》（源信・往生要集）は感師に依《よ》れり、空聖人《くうしょうにん》（源空・選択集）は導和尚に依りたまうなり。経家《きょうげ》に拠《よ》りて師釈を披《ひら》くに、雑行の中の雑行雑心・雑行専心・専行雑心なり。また正行の中の専修専心・専修雑心・雑修雑心は、これみな辺地《へんじ》・胎宮《たいぐう》・懈慢界《けまんがい》の業因なり。かるがゆえに極楽に生まるといえども、三宝を見たてまつらず、仏心の光明、余の雑業の行者を照摂《しょうしょう》せざるなり。仮令《けりょう》の誓願、良《まこと》に由《ゆえ》あるかな。（『聖典』三四三頁）

この文の大切なところだけを解説しておきましょう。ここは『観経』の第十九願の自力を解明していく文章ですから、「経家に拠りて師釈を披くに」というのは、『観経』によって道綽・善導・懐感・源信・法然の教えを考えると、という意味です。浄土の行の中で、正行と雑行に分けたのは善導です。雑行は自力の行ですから、真実報土に往生しないのは当然ですが、正行は称名念仏のことですから、善導はそれを実践すれば全てが往生すると説いていました。しかし親鸞は、先の源信の教えによって念仏を称える衆生の心にまで踏み込んで、一心不乱に念仏を称える「専修専心」であろうと、自力の雑じった「専修雑心」であろうと、三部経の読誦などを一緒に実践しようとする「雑修雑心」であろうと、全て自力であると確かめています。念仏を称える「専修専心」は、衆生の究極の真面目さですから、これ以上に崇高《すうこう》な心はありません。しかし正行の念仏を称えていても、人間から努力する「専心」はどんなに崇高であろうと自力なのだから、「辺地・胎宮・懈慢界の業因なり」と、化土に往生すると言うのです。

　しかし化土に往生する者に対して、第二十願の自力を明らかにする真門釈では、

> しかればすなわち釈迦牟尼仏《しゃかむにぶつ》は、功徳蔵《くどくぞう》を開演して、十方濁世《じょくせ》を勧化《かんけ》したまう。阿弥陀如来は、もと果遂《かすい》の誓いを発《おこ》して、諸有の群生海《ぐんじょうかい》を悲引《ひいん》したまえり。すでにして悲願います。「植諸徳本《じきしょとくほん》の願」と名づく、（『聖典』三四七頁）

と、果遂の誓いが第十八願と重なって「諸有の群生海を悲引」してくださると、「植諸徳本の願」を讃嘆します。

ですから親鸞は、先の『往生要集』の懐感の『群疑論』の文を挙げた後に、

　しかればそれ楞厳《りょうごん》の和尚《かしょう》（源信）の解義《げぎ》を案ずるに、念仏証《しょう》拠門《こもん》の中に、第十八の願は「別願の中の別願」なりと顕開したまえり。『観経』の定散《じょうさん》諸機は「極重悪人唯称弥陀《ごくじゅうあくにんゆいしょうみだ》」と勧励《かんれい》したまえるなり。濁世《じょくせ》の道俗《どうぞく》、善《よ》く自ら己《おのれ》が能を思量せよとなり。知るべし。（『聖典』三三〇～三三一頁）

と、『観経』で「極重悪人唯称弥陀」と称名念仏を勧めて、それを救い取らんとする第十八願は「別願の中の別願」であると讃嘆し、だからこそ「濁世の道俗、善く自ら己が能を思量せよ」と呼びかけます。

　つまり、衆生の身はどこまでも「極重悪人」でしかありませんが、源信が『往生要集』で言うように、

　我またかの摂取《せっしゅ》の中にあれども、煩悩眼《まなこ》を障《さ》えて見たてまつるにあたわずといえども、大悲倦《ものう》きことなくして常に我が身を照らしたまう、と。

（『聖典』二三二～二三三頁）

と、煩悩の身（第二十願の機）のままを第十八願が果遂してくれるのだから、第十八願が「別願中の別願」であると言い、「濁世の道俗、善く自ら己が能を思量せよ」と呼びかけて、「三経一異の問答」が始まるのです。

このように見てきますと、法然の『阿弥陀経』が出世本懐経であるという教えと、源信の機への眼差しを教えられたことが、親鸞にとっていかに大きかったかを思います。その二つの教えは、『大経』「智慧段」の第二十願の機をどう了解するかに関わっていることがわかると思います。

3　三三の法門

ここまでで宗祖の三部経観は、おわかりいただけたと思います。それを決定したのは、『大経』「智慧段」に説かれる第二十願の機の推究です。それによって、第十八願と第二十願との関係、つまり『大経』と『阿弥陀経』の弘願と真門との関係が確定します。そして、ますます善導が言う要門と弘願との関係が明確になってきます。つまり、第十九願の『観経』、第二十願の『阿弥陀経』、第十八願の『大経』が確定することになったのです。

さらにそこから、宗祖が『教行信証』「証巻」に引用する『如来会』の文によって、それぞれの本願の機が明らかになってきます。

かの国の衆生、もしは当《まさ》に生まれん者、みなことごとく無上菩提《むじょうぼだい》を究竟《くきょう》し、涅槃の処《ところ》に到《いた》らしめん。何をもってのゆえに。もし邪定聚《じゃじょうじゅ》および不定聚《ふじょうじゅ》は、かの因を建立せることを了知することあたわざるがゆえなり、と。（『聖典』二八一頁）

この教説によって第十八願が正定聚、第十九願が邪定聚、第二十願が不定聚と明確にされていきます。

これもすでに言及しましたが、道綽の「三不三信の誨」をもとにして、善導は要門（三不信）と弘願（三信）を決定したと思われます。宗祖はその伝統を受けると同時に、法然の「十七条御法語」の次の教えによって、「三経一異の問答」を開くのだと思います。その教えが次の文です。

観経の三心《さんじん》、小経の一心不乱、大経の願成就の文の信心歓喜《かんぎ》と、同流通《るずう》の歓喜踊《ゆ》躍《やく》と、みなこれ至心信楽《ししんしんぎょう》の心なりと云えり。これらの心をもって、念仏の三心を釈したまえるなりと、云々。（『昭法全』四六九頁）

この文は、『観経』の「至誠心・深心・回向発願心」の三心《さんじん》と、『阿弥陀経』の「一心不乱」と、『大経』の「至心・信楽・欲生」の三心《さんしん》とは、表向きには経典が持つ課題に則して違った意味を持っていますが、究極的には「皆これ至心信楽の心なり」と、願成就文の「信心歓喜」に帰着すると教えています。親鸞の「三経一異の問答」の、

三経の大綱《たいこう》、顕彰隠密《けんしょうおんみつ》の義ありといえども、信心を彰《あらわ》して能入とす。（『聖典』三四五〜三四六頁）

という文と全く同じ趣旨です。ですから、「三経一異の問答」は法然のこの教えから開かれたのだと思います。

第十八願を「至心信楽」という言葉で表すのは、親鸞よりも明恵のほうが先だと指摘しましたが、実は法然もここ以外で数箇所認めることができます。ですから、宗祖がこの願名を「信巻」に掲げるのは、明恵の言う自力の信心ではなくて、法然が説く他力回向の金剛心であることを証明することに課題があると思われます。

さて、三経の関係はこれまでの思索で明らかになりましたが、その証である往生については、実は善導が『法事讃』の中で繰り返し述べています。

難思議往生楽　双樹林下往生楽　難思往生楽

（『真聖全』一・五六五頁）

ところが善導教学の中では、第二十願が明確に示されていないために、これらの往生が何を意味するかは明らかではありません。その点宗祖は、『大経』「智慧段」の教説から第二十願の意味を教えられるわけですから、これまでの思索を総合して『教行信証』で最終的に、

第十八願――『大　経』――正定聚の機――難思議往生
第十九願――『観　経』――邪定聚の機――双樹林下往生
第二十願――『阿弥陀経』――不定聚の機――難思往生

という、いわゆる「三三の法門」を確立したのだと思います。

おわりに

『大経』の仏者親鸞は、上巻に説かれる法の真実を「親鸞一人《いちにん》がため」*154と受け取って、下巻の本願成就文に立ちます。その際、第十八・至心信楽の願成就文と第十九・修諸功徳の願成就文（三輩章）とが背中合わせに説かれている箇所に、自力から他力への翻り、「雑行を棄てて本願に帰す」*155という、回心の意味を読み取ります。そこに自力を尽くさせて他力へ導くという、『観経』の役割を教えられるのです。衆生が本願力に目覚めるためには、自力を尽くさせて、自力無効を教える必要があるからです。善導が『観経』を必要な門、「要門」と教える意味を、第十九願成就文と第十八願成就文との関係に見出すのです。ここに『大経』と『観経』が、弘願と要門の関係にあることが示されています。

下巻の本願成就文についてはまた、天親が、

世尊《せそん》我《が》一心《いっしん》　帰命尽十方《きみょうじんじっぽう》　無碍光如来《むげこうにょらい》

（『浄土論』・『聖典』一三五頁）

と詠います。衆生の他力の一心は、阿弥陀如来の覚り、つまり大涅槃に眼を開くのです。天親はそれを「能令速満足《のうりょうそくまんぞく》　功徳大宝海《くどくだいほうかい》」[*156]と詠って、如来のほうから能く開かれる功徳大宝海（一乗海）に包まれて、衆生の根本志願が満足せしめられることを明らかにします。

　ところが他力の信心に超世の感動をいただいても、身は凡夫のままですから、念仏往生の実生活においては、身に染み込んでいる煩悩が改めて課題になってくるのです。念仏往生の実生活、つまり「願生安楽国《がんしょうあんらくこく》」[*157]の課題を教える箇所が、下巻の「三毒五悪段」以降になります。

　『大経』の「三毒段」の特徴は、貪欲・瞋恚の煩悩と、愚痴の煩悩を二つに分けることです。前者は時々反省ができますが、後者は反省してもそれ自体が自力の煩悩ですから、反省が届かないほど深いのです。反省ができる前者が第十九・修諸功徳の願で表されますし、反省を超えた深い煩悩が第二十・植諸徳本の願の内容になります。「植諸徳本」とは、超世の感動を持ったがために、一心不乱に念仏を称えて、その功徳によって仏に成ることまで自力で植え直そうとする法執のことです。それは衆生の真面目さであり良心ですから、煩悩であることなど衆生にはわかりません。

この反省が届かない煩悩に生涯執《とら》われて生きる衆生を、如来はいかにして救うのか、それが『大経』正宗分の最後に説かれる「智慧段」の課題になります。そこでは衆生の胎生の理由が、第十九願と第二十願の自力にあり、第十八願の他力こそ真実報土の往生を遂げると教えられます。

この機の三願の中で、第十八願と第十九願との関係は、すでに述べたように弘願と要門、つまり『大経』と『観経』との関係です。ですからこの「智慧段」では、第二十願と第十八願との関係、特に第二十願の機をどう了解するかに懸かってきます。第二十願の機は、七祖が誰も明確にしていない課題で、親鸞の独壇場と言ってもいいのですが、その推究を促したのは師の法然でした。

その教えの一つは、法然が『阿弥陀経』が釈尊の出世本懐経である、と言ったことです。大乗仏教では、『法華経』と『大経』が出世本懐経であるというのが共通了解ですから、親鸞は、法然の主張が独断であり誤解であるという批判から、守らなければなりません。そのために、『阿弥陀経』がなぜ出世本懐経なのか、その理由を明確にするべく、特にこの経が課題にしている、第二十願の機の推究に力を注ぐのです。法然は善導の『法事讃』の文を根拠にして、『阿弥陀経』が出世本懐経であると言うのですが、『大経』の発起序に説かれる釈尊と阿難との出遇いが貫徹するかどうかは、「智慧段」の第二十願の機が救われるかどうかに懸かっています。ですから法然は、衆生の求道の実際面から『阿弥陀経』が出世本懐経であると言ったのです。要するに『大経』の第十八願の法と『阿弥陀経』の第二十願の機とが、出世本懐の上で重なっているのです。そのことを踏まえて親鸞は、「直ちに弥陀の弘誓重きが為に」と読まれていた『法事讃』の文を、「直ちに弥陀の弘誓重なれるをもって」と読み替えて、第十八願と第二十願が重なっていると言うのです。

法然のもう一つの教えは、源信についてです。善導・法然は称名念仏一つを掲げますから、正行か雑行かという行の規定に中心があります。ところが源信は、行を行じている主体にまで踏み込んで明確にしています。正行を実践していても、その主体は第二十願の機です。それを、

我またかの摂取《せっしゅ》の中にあれども、煩悩眼《まなこ》を障《さ》えて見たてまつるにあたわずとい

えども、大悲倦《ものう》きことなくして常に我が身を照らしたまう、と。

（『往生要集』・『聖典』二二二一～二二二三頁）

と言うのです。

この二つの師の教えによって、「智慧段」の教説を読む眼が与えられたのだと思われます。第二十願の植諸徳本とは、衆生が仏に成ることまで自分で決めようとする深い執着心でした。仏にするのは如来の仕事ですから、いつの間にか如来の仕事を盗んでいるのです。そうであってもこの第二十願では、衆生の真面目さである「一心不乱」[*158]の念仏を勧めるのです。そして、そのままで「果遂せずんば、正覚を取らじ」[*159]と誓われます。つまり第二十願の機のままで、果遂すると誓っているのです。要するに、仏にするのは如来の仕事だから、衆生は仏に成ることに執着するその手を放して、群萌の大地に帰れ、そして群萌のままで、第十八願の大悲の中にあることを手放しで喜びなさい、と教えているのです。これが果されて初めて、『大経』が群萌を救う経典として完成するのです。

植諸徳本の深い自力は衆生の反省を超えていますから、第十八願の如来の智慧でしか見抜けません。ですから第二十願の機が照らされるということは、そこに第十八願の智慧がはたらいているからに他なりません。第十八願と第二十願とは重なってはたらいて、衆生にそのままの救いを恵むのです。親鸞は「果遂の誓い、良《まこと》に由《ゆえ》あるかな」*160と、その如来の大悲を感佩します。第十八願と第二十願が重なっていることによって、『阿弥陀経』は表向きには「善本・徳本の真門」*161を開いて、難思の往生を勧めますが、そのままで如来の大悲の中にあることを教えて、『大経』が群萌を救う経典として完成するのです。ここに親鸞は、『阿弥陀経』の核心を教えられたのだと思います。

＊154 『歎異抄』後序・『聖典』六四〇頁。
＊155 『教行信証』後序・『聖典』三九九頁。
＊156 『浄土論』・『聖典』一三七頁。
＊157 『浄土論』・『聖典』一三五頁。
＊158 『阿弥陀経』・『聖典』一二九頁。

＊159 『聖典』一八頁。
＊160 『教行信証』「化身土巻」・『聖典』三五六頁。
＊161 『教行信証』「化身土巻」・『聖典』三四四頁。

【上巻】如来浄土の因果

序分	1～16	一～八頁
発起序（教巻）	11～16	六～八頁
正宗分	17～126	九～八六頁
第十二・光明無量の願成就文（真仏土巻）	37～39	三〇～三一頁
第十三・寿命無量の願成就文（真仏土巻）	40	三一～三二頁

【下巻】衆生往生の因果

往相回向（一心帰命・選択本願の行信）

第十一・必至滅度の願成就文（証巻）果	66	四四頁
第十七・諸仏称名の願成就文（行巻）	67	四四頁
第十八・至心信楽の願成就文（信巻）因	68	四四頁
三輩章		
第十九・至心発願の願成就文（化身土巻）	69～72	四四～四六頁

還相回向	東方偈	74	四六～五一頁
	第二十二・還相回向の願成就文（証巻）	75	五一頁
（一心願生・難思議往生）	三毒段（対告衆が阿難から弥勒に代わる）	90～100	五七～六五頁
	貪欲	92	五八～五九頁
	瞋恚	93	五九～六〇頁
	愚痴	94	六〇～六二頁
	五悪段	101～113	六六～七九頁
	智慧段	114～126	七九～八六頁
	第二十・至心回向の願成就文（化身土巻）	118～120 122	八一～八三頁
	流通分	127～134	八六～八八頁

＊算用数字は科文番号、漢数字は『聖典』の頁数

あとがき

「『大無量寿経』の仏者親鸞―宗祖の三部経観―」。

本書の題名が決まったのは、二〇二二年五月に延塚知道先生のご自坊に伺った時でした。決まるまでに十分も掛かったでしょうか。先生は、すぐに出版部の担当者に電話をされました。

その約一年前。二〇二一年七月に、延塚先生は真宗大谷派講師として、安居の本講をつとめられました。二〇二〇年の予定でしたが、新型コロナウイルス感染症の影響で、一年延期して開講されることになりました。先生にとって、『浄土論註』（次講、二〇〇六年）、『教行信証』（本講、二〇一三年）に続く三回目の安居でした。今回、講本として取り挙げられたのは『大無量寿経』。「『大無量寿経』講讃―宗祖の視点で下巻を読む―」というテーマで、二週間にわたり講義をされました。私は、大谷大学の藤元雅文先生と都講として関わらせていただきました。

安居の期間中には、ほぼ毎日、宿泊先のホテルで数人の方々と座談会を重ねました。時には、先生と二人で夜遅くまで話をすることもありました。その中で出てきた課題が、親鸞聖人の浄土三部経観だったと思います。

本書は、「宗祖の三部経観」と副題が付いていますが、浄土三部経の一文一文を解説したものではありません。「雑行を棄てて本願に帰す」（『聖典』三九九頁）という文に表されているように、阿弥陀仏の本願に帰依して生きた親鸞聖人の三部経観です。それが、「『大無量寿経』の仏者親鸞」という主題に明示されています。延塚先生は本書において、阿弥陀仏の本願が説かれる『大無量寿経』をもとに、『観無量寿経』と『阿弥陀経』、特に『阿弥陀経』の意味を考察されました。そして、浄土三部経と『教行信証』の関係を踏まえながら、親鸞聖人が歩んだ『大無量寿経』の仏道を明らかにされたのです。

これまで延塚先生は、『大無量寿経』について『無量寿経に聞く』下巻（教育新潮社、二〇一六年）、『教行信証』について『教行信証―その構造と核心―』（法藏館、二〇一三年）・『親鸞の主著『教行信証』の世界』（東本願寺出版、二〇二〇年）、また近著として『高僧和讃講義』一～四（方丈堂出版、二〇一九～二〇二一年）を出版されています。併せて読んでいただけたら幸いです。

九州大谷短期大学　青木　玲

延塚知道（のぶつか　ともみち）

1948年、福岡県生まれ。大谷大学文学部卒業。大谷大学文学部教授、大谷大学特任教授を経て、現在、大谷大学名誉教授。九州教区田川組昭光寺住職。
著書に『親鸞の説法―『歎異抄』の世界―』『親鸞の主著『教行信証』の世界』『『大無量寿経』講讃―宗祖の視点で下巻を読む』（東本願寺出版）、『教行信証―その構造と核心―』（法蔵館）、『他力を生きる―清沢満之の求道と福沢諭吉の実学精神―』（筑摩書房）、『大悲の人　蓮如』（大谷大学）、『浄土論註の思想究明―親鸞の視点から―』『講讃浄土論註』一巻～六巻（文栄堂）、『無量寿経に聞く』下巻（教育新潮社）、『高僧和讃講義』一～四巻（方丈堂出版）など多数。

『大《だい》無量寿経《むりょうじゅきょう》』の仏者《ぶっしゃ》親鸞《しんらん》―宗祖《しゅうそ》の三部経観《さんぶきょうかん》―

2022（令和４）年12月28日　第１刷発行

著　　者　延塚知道
発 行 者　木越　渉
発　　行　東本願寺出版（真宗大谷派宗務所出版部）
〒600-8505　京都市下京区烏丸通七条上る
TEL　075-371-9189（販売）
075-371-5099（編集）
FAX　075-371-9211
印刷・製本　中村印刷株式会社
デザイン　（有）ツールボックス

ISBN978-4-8341-0666-4　C0015